六韬·三略

代重要的军事著作，反映中国古代军事思想的代表作

李慧敏·编

民主与建设出版社

·北京·

© 民主与建设出版社，2018

图书在版编目（CIP）数据

六韬·三略 / 李慧敏编 . —北京：民主与建设出
版社，2018.4
ISBN 978-7-5139-2032-2

Ⅰ.①六… Ⅱ.①李… Ⅲ.①兵法—中国—古代
②《六韬》—注释③《三略》—注释 Ⅳ.① E89 ② 2

中国版本图书馆 CIP 数据核字（2018）第 042386 号

六韬·三略
LIU TAO SAN LUE

出 版 人	李声笑
编　　者	李慧敏
责任编辑	王颂
封面设计	荣景苑
出版发行	民主与建设出版社有限责任公司
电　　话	（010）59417747　59419778
社　　址	北京市海淀区西三环中路 10 号望海楼 E 座 7 层
邮　　编	100142
印　　刷	永清县晔盛亚胶印有限公司
版　　次	2019 年 8 月第 1 版
印　　次	2024 年 5 月第 2 次印刷
开　　本	710 毫米 ×1000 毫米　1/16
印　　张	12
字　　数	115 千字
书　　号	ISBN 978-7-5139-2032-2
定　　价	48.00 元

目 录

上篇 六韬

目 录

目 录

3

上篇

六韬

　　《六韬》是中国古代著名兵书，因全书以姜太公与周文王、周武王对话的方式编成，故又称《太公兵法》。全书分为《文韬》《武韬》《龙韬》《虎韬》《豹韬》《犬韬》六卷，共六十篇，故曰"六韬"，即指论述战争问题的六种韬略。

卷一 文韬

文师

【原文】

太公曰："君子乐得其志；小人乐得其事。"

【译文】

太公说："我听说君子乐于实现自己的志向，平凡人乐于做好自己的事情。"

【原文】

太公曰："源深而水流，水流而鱼生之，情也。根深而木长，木长而实生之，情也。君子情同而亲合，亲合而事生之，情也。言语应对者，情之饰也。至情者，事之极也。"

【译文】

太公说："水的源头深水就能流动不息，水流动不息，鱼类就能生存，这是道理；树根深，树干就生长得好，树干生长得好，树就能结出果实，这也是道理；君子志向相投，就能亲

密合作，亲密合作就能办成事，这也是道理；言语应对，是用来掩饰真心的。能说真话，才是最好的事情。"

【原文】

太公曰："缗^①微饵明，小鱼食之；缗调饵香，中鱼食之；缗隆饵丰，大鱼食之。夫鱼食其饵乃牵其缗，人食其禄乃服其君。故以饵取鱼，鱼可杀；以禄取人，人可竭；以家取国，国可拔；以国取天下，天下可毕^②。呜呼！曼曼绵绵^③，其聚必散；嘿嘿昧昧^④，其光必远。微哉！圣人之德，诱乎独见。乐哉！圣人之虑，各归其次，而树敛^⑤焉。"

【译文】

太公说："钓丝细微而鱼饵可见，小鱼就会上钩；钓丝适中而鱼饵飘香，中等大小的鱼就会上钩；钓丝粗长而鱼饵丰盛，大鱼就会上钩。鱼如果吃饵，就会被钓丝牵住；人要得到俸禄，就会服从君王任使。所以用鱼饵钓鱼，鱼便可供烹食；用俸禄取用人才，人才就能尽为所用；以家为基础取国，国就能被据为己有；以国为基础取天下，天下就都可取得。啊！幅员辽阔，没有尽头，它积聚起来的东西终会烟消云散；悄无声息，韬光养晦，它的光芒必将远播四方。微妙啊！圣人的德行，就在于慢慢掳获人心。好啊！圣人的忧虑，就是让天下人人各得其所，而建立起各种争取人心的办法。"

2

【【原文】】

太公曰："天下非一人之天下，乃天下之天下也。同天下之利者则得天下，擅⑥天下之利者则失天下。天有时，地有财，能与人共之者，仁也。仁之所在，天下归之。免人之死，解人之难，救人之患，济人之急者，德也。德之所在，天下归之。与人同忧同乐，同好同恶，义也。义之所在，天下赴之。凡人恶死而乐生，好德而归利，能生利者，道也。道之所在，天下归之。"

【【译文】】

太公说："天下不是一个人的天下，而是所有人的天下。能同天下所有人共同分享利益的，就可以取得天下；独占天下利益的，就会失掉天下。天有时节，地有财富，能和天下人一起享用的就是仁者。有仁者的地方，天下之人就会归附于他。消除人们的死亡，缓解人们的苦难，治疗人们的病患，救济人们的危急，就是德者。有德者的地方，天下之人就会归附于他。和人们同忧同乐，同好同恶的，就是道义。有道义的地方，天下之人就会归附。人们无不厌恶死亡而乐于生存，喜欢恩德而追求利益，能为天下人创造利益的，就是王道。王道在的地方，天下之人就会归附。"

3

【【注释】】

①缗：鱼线，钓丝。

②毕：得到。

③曼曼绵绵：曼曼，同"漫漫"，指空间广远无际。绵绵，连续不断。

④嘿嘿昧昧：嘿嘿，同"默默"，悄无声息。昧昧，指不显露于外。

⑤敛：收揽，聚敛。

⑥擅：专擅，独自使用。

【解读】

整篇《六韬》以周文王与姜太公的对话为内容，而"文师"正是讲述了二者在渭水的相遇，所以在《六韬》中，"文师"是开篇，也是故事的起源。

周文王彼时正是求贤若渴的时期，在天下四处网罗人才。而姜太公怀才不遇，没有好的君王能让他施展抱负，所以只能在渭水边钓鱼，其实也可说太公"醉翁之意不在酒"，钓鱼不是他的目的，找到会用人的君王才是他的目标。这二者一相遇，就好似"金风玉露一相逢"，便真真"胜却人间无数"。

周文王打猎前便被占卜告知"天遗汝师，以之佐昌，施及三王"。古时，占卜、祭祀都是很受到推崇的，人们也很依赖占卜结果。所以如此好的占卜结果一出，周文王就感到很惊喜，去到渭水边打猎也自然带了"求贤"的心理。

二人初见面时，并不敢言深，所以太公以钓鱼试探文王态度，在得知文王虚心求教之后才阐明自己关于治理天下、收揽人心的态度。从太公几句话中，文王也得知了太公的雄才大略，于是迫不及待地将太公请入宫中。

本篇中姜太公阐明的"天下非一人之天下，乃天下之天下也"正是全书最重要的命题，太公之说"同天下之利者则得天下，擅天下之利者则失天下"即是他最核心的论点。

4

【谈古论今】

姜太公钓鱼，愿者上钩

姜太公是《六韬》中的主角之一，也是大家很熟悉的人物。不管知不知道《六韬》的人可能都会知道"姜太公"以及他最著名的"姜太公钓鱼，愿者上钩"，这一典故正是体现在这里。

姜太公在渭水边钓鱼，意图并不在钓鱼，而在求明主。这一点从太公说的"臣闻君子乐得其志，小人乐得其事。今吾渔，甚有似也，殆非乐之也。"就能看出。太公认为"小人"才是安于做好事就可以，

而"君子"是要抱负得以实现才能满足，而他显然不认为自己只是"小人"，所以他钓鱼的目的并不在于做好"钓鱼"这件事，其实在于"钓上"贤明君王。而文王会被钓鱼的太公吸引，也是基于他求贤的心态，正是"愿者"。

所以姜太公钓鱼遇到周文王，这二者正是"姜太公钓鱼，愿者上钩"。

盈虚

【原文】

太公曰："君不肖，则国危而民乱，君贤圣则国安而民治，祸福在君不在天时。"

【译文】

太公说："君王不贤明，则国家处于危难之中而且人民混乱不堪，君王如果贤明，那么国家就能安定而且人民也能得到很好的统治。所以说国家好坏在于君王而不在于上天。"

【原文】

太公曰："帝尧王天下之时，金银珠玉不饰，锦绣文绮①不衣，奇怪珍异不视，玩好②之器不宝，淫佚之乐不听，宫垣屋室不垩③，甍、桷、椽、楹④不斫，茅茨偏庭不剪。鹿裘御寒，布衣掩形，粝粱⑤之饭，藜藿⑥之羹。不以役作之故，害民耕织之时。削心约志，从事乎无为。吏忠正奉法者，尊其位；廉洁爱人者，厚其禄。民有孝慈者，爱敬之；尽力农桑者，慰勉之。旌别淑慝⑦，表其门闾。平心正节，以法度禁邪伪。所憎者，有功必赏；所爱者，有罪必罚。存养天下鳏、寡、孤、独，振赡祸亡之家。其自奉也甚薄，共赋役也甚寡。"

【译文】

太公说："帝尧统治天下时，不用金银珠玉作装饰，不穿锦绣的衣服，不观赏珍贵奇异的东西，不拿古玩当宝贝，不听淫佚的音乐，不粉刷宫庭墙壁，不装饰甍桷椽楹，不修剪庭院中的杂草。用鹿裘御寒，以粗布蔽体，吃粗粮，喝野菜粥。不因征兵而误了人民农作的时候。约束自己的贪念，用清心寡欲治理国家。官吏中忠诚守法的就升迁，廉洁爱民的就增加俸禄。人民中孝敬老人、爱护晚辈的给予敬重，尽心于农事的予以勉励。区别善恶好坏，表彰善良人家。讲究公平，端正品德，用法律制止邪佞。对人们所厌恶的人，如果建立功勋也同样给予奖赏；对人们所喜爱的人，如果犯有罪行也必定要对其惩罚。赡养鳏寡孤独之人，救济遭受灾祸之家。至于尧帝自己则是十

6

分俭朴，征收税赋也很少。"

①锦绣文绮：指做工精细的丝织品。

②玩好：供欣赏玩乐的饰品。

③垩：粉刷。

④甍：屋脊。桷，横排在屋梁上的木条。橼，橼子。楹，大厅前面的大柱子。

⑤粝粱：粗劣的粮食。

⑥藜藿：野生粗劣的蔬菜。

⑦淑：善良，美好。慝，邪恶。

【解读】

本篇题目《盈虚》是姜太公与周文王探讨的主题，盈虚即为盛衰，二人讨论的就是有关国家盛衰的问题。

开篇周文王就提出了关于"盈虚"的问题："天下熙熙，一盈一虚，一治一乱，所以然者，何也？"文王对历史上国家盛衰更替感到疑惑，希望姜太公能为他做出解释。太公的想法则是"君不肖，则国危而民乱，君贤圣则国安而民治，祸福在君不在天时。"最后得出结论："祸福在君，不在天时。"也就是说，姜太公认为，国家的兴衰在于君王，并不在于上天的旨意。这个说法在古时信奉上天，出行都要祭天祈福的社会是一种新兴的论点。在二人的对话中，我们也可以看到，周文王对姜太公一直是谦虚求教的态度，并没有端出大王的身份来压制姜太公。周文王的贤明也正是姜太公选择他作为自己效忠对象的原因。他在听明姜太公的观点后，问道"古之贤君可得闻乎？"，表现了周文王虚心聆听的态度。姜太公于是再以尧帝

7

统治时的做法为例子，为周文王进一步说明了君王贤明统治的重要性。并且作为君王要想国家长治久安，人民安居乐业，就要像尧帝一样生活俭朴、赏罚分明、不征收苛捐杂税，并且对人民做的好事及时奖励，坏事及时处罚，才能让人民对君王充满敬意，"万民富乐而无饥寒之色，百姓戴其君如日月，亲其君如父母。"如若能做到这一点，那就真是最贤明的君王了。

谈古论今

其自奉也甚薄，共赋役也甚寡

古时，朝廷向人民收取赋税并非什么新鲜事，而且很多时候，朝廷会增加赋税来填充国库的不足。是以平民百姓为了赋税叫苦连连，全家不得安宁，而贪官污吏却从中获利，不管人民死活。

在柳宗元著名的《捕蛇者说》中，就对赋税的严苛有一些说明。《捕蛇者说》中，有一家祖孙三代为了避免缴纳庞大的赋税，宁愿冒着死亡威胁去捕捉有剧毒的毒蛇，柳宗元从而发出感叹："苛政猛于虎也"。

而在尧帝统治时期，只征收微薄的赋税，对于百姓来说就减少很多负担。没有了赋税这个沉重的包袱，百姓们才能真正自己做农活养活自己，才能有余力在生计外寻求一点安乐。所以尧帝在统治时期减少人民的赋税，对于尧帝来说只是一点改动，对百姓来说却是很大的恩惠。尧帝如此做，再加上克制自己的贪念，处处为百姓着想，自然能让百姓安居乐业，贤明贯穿古今。

国务

【原文】

太公曰："利而勿害，成而勿败，生而勿杀，与而勿夺，乐而勿苦，喜而勿怒。"

【译文】

太公说："要给予民众利益而不损害他们，使民众成功而不破坏他们的事，要保护民众而不杀害无辜的人，给予民众实惠而不抢夺他们的物品，使民众安乐而不要让他们承受痛苦，让民众喜悦而不要让他们愤怒。"

【原文】

太公曰："民不失务①，则利之；农不失时，则成之，省刑罚，则生之；薄赋敛②，则与之；俭宫室台榭，则乐之；吏清不苛扰，则喜之。民失其务，则害之；农失其时，则败之；无罪而罚，则杀之；重赋敛，则夺之；多营宫室台榭以疲民力，则苦之；吏浊苛扰，则怒之。故善为国者，驭③民如父母之爱子，如兄之爱弟。见其饥寒，则为之忧；见其劳苦，则为之悲；赏罚如加于身，赋敛如取己物。此爱民之道也。"

【译文】

太公说："民众不失去事务，就是有利于他们；不耽误农时，就是促成了；减少刑罚，就是保护了民众；少征收赋税，就是给予民众实惠；节省宫殿花费，就是使民众安乐；官吏清廉不严苛，就是让民众喜悦。使民众失去事务，就是损害了他

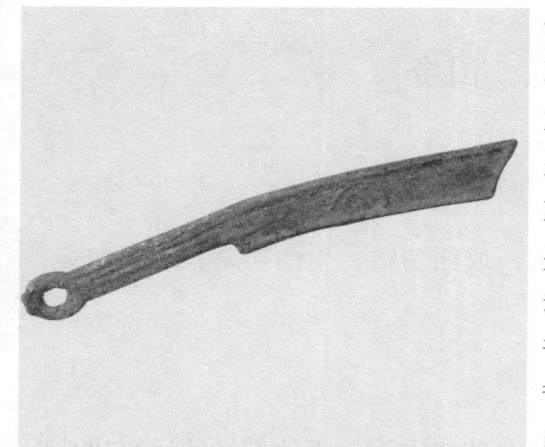

们的利益；耽误农时，就是败坏了民众；人民无罪而给予惩罚，就是杀害他们；苛捐杂税，就是对民众的掠夺；大兴土木修建宫殿从而劳动民众，就会使人民痛苦；官吏贪污对百姓严苛，就会使人民愤怒。所以，善于治国的君王，统驭人民就像父母爱护子女，像兄长爱护弟妹。看到他们饥寒就为他们担忧；看到他们辛苦就为他们难过；对他们施加赏罚就像自己身受赏罚，向他们征收赋税就像夺取自己的财物。这些就是爱民的道理。"

注释

① 务：事务。
② 敛：征收赋税。
③ 驭：驾驭，治理。

解读

该篇讨论的主题是"国务"，这个词汇和现代汉语的解释有一些区别的是，古时"国务"即是指治理国家的方法。

本篇开篇周文王即提出了问题："愿闻为国之大务，欲使主尊人安，为之奈何？"周文王想知道，如何能使君王受到尊敬，人民安居乐业。周文王的这一问题引出本篇讨论。

而对于周文王的问题，姜太公自然也有自己的想法，他的回答是："利而勿害，成而勿败，生而勿杀，与而勿夺，乐而

勿苦，喜而勿怒。"这是对人民最好的处理方法，如果这样做的话，天下的人心就都能收揽起来。但是要做到这些并不容易，姜太公其后解释了这样做的方法以及原因和道理："民不失务，则利之；农不失时，则成之，省刑罚，则生之；薄赋敛，则与之；俭宫室台榭，则乐之；吏清不苛扰，则喜之"。

所有这些总结起来其实就是一个原则：爱民。只有爱民的君王才能真正获得人民的尊敬和喜爱。而爱民的宗旨，或者说应该秉承的原则则是"驭民如父母之爱子，如兄之爱弟"。把人民当作自己的儿女、兄弟，才能真正做到爱护人民。对人民严苛，也许能让人民对君王感到敬畏，但是绝无法真正获得人民的敬爱，也无法真正使天下归心。

【谈古论今】

> 驭民如父母之爱子，如兄之爱弟。

自古以来的君王无不希望国家长治久安，人民安居乐业，人心之所向，俱为君王之侧。但要想做到这一点，并不容易。因为人民的态度其实取决于君王的做法。君王善良待人，对人民宽容，人民才能念着君王的好。但如果君王只会压榨人民，不给人民一点自己的空间，将人民劳动所得的物资都征收为国家所用，那么人民就会失去劳动热情。久而久之，这个国家的人们就会变得毫无干劲，甚至对朝廷、对君王产生厌恶。如此一来，国家的根基就会被动摇。

所以，君王要想取得人民的信任，使国家的人民都团结一心，拧成一股绳，就必须用真心对待人民，人民才能同样以真心回报君王。正如本文中提到的，要做到"驭民如父母之爱子，如兄之爱弟"。父母对孩子是最爱护的，容不得孩子受一点委屈；兄长对弟妹也是保护有加，不许其他孩子欺负自家弟妹。君王如果能像对待自己的孩子、自己的弟妹一样对待人民，那就是"爱民如子"，真正做到"爱民"了。

11

唐太宗时期，举国上下官民一家，迎来了唐朝最繁荣昌盛的"贞观之治"时期。这正是太宗"爱民如子"的结果。而唐朝之后，由于再没有出现如此贤明的君王，所以也再没有如此繁荣的盛世了。

大礼

【原文】

太公曰："为上惟临①，为下惟沉②，临而无远③，沉而无隐④。为上惟周⑤，为下惟定⑥。周则⑦天也，定则地也。或天或地，大礼乃成。"

【译文】

太公回答说："作为君王最重要的是洞察民情，作为臣子最重要的是谦恭驯服。洞察民情而要不疏远臣子，谦恭驯服而要不对君王隐瞒私情。做君王的要普施恩惠，作臣子的应安守本分。普施恩惠要像天空那样覆盖万物；安守职分要像大地那样沉稳。君王如同上天，臣子有如大地，这样君臣之间的礼法就和谐了。"

【原文】

太公曰："安徐而静，柔节先定；善与而不争，虚心平志，待物以正。"

【译文】

太公回答说："应该安详稳重而冷静，柔和有节而胸有成竹，善于施恩而不与人民争利，虚心而无私，处理事务公正不阿。"

【原文】

太公曰："勿妄而许，勿逆而拒；许之则失守⑧，拒之则闭塞。高山仰之，不可极也；深渊度之，不可测也。神明之德，正静其极。"

【译文】

太公答道："不要轻率地承诺，也不要粗鲁地拒绝。轻率承诺就容易丧失主见，粗鲁拒绝就会闭塞言路。君王要像高山那样让人仰慕，使人无法到达顶端；要像深渊那样，让人无法测出它的深浅。神圣英明君王的德行，就是能做到极点的公正沉静。"

13

【原文】

太公曰："目贵明，耳贵聪，心贵智。以天下之目视，则无不见也；以天下之耳听，则无不闻也；以天下之心虑，则无不知也。辐凑并进，则明不蔽矣。"

【译文】

太公答道："眼睛贵在能明察事物，耳朵贵在能听取意见，头脑贵在能考虑周全。用天下人的眼睛去观察事物，就没有看不见的东西；用天下人的耳朵去听取意见，就没有听不到的东西；用天下人的头脑去思考，就没有不知道的东西。各个地方的情况都聚集到君王那里，君王自然就能明察一切而不受蒙蔽了。"

【注释】

①临：居高临下。此处意为洞察民情。

②沉：深沉隐伏。此处意为为谦恭驯服。

③远：意为疏远人民。

④隐：隐匿私情。

⑤周：周全，普遍，此处意指普施恩惠。

⑥定：安定，稳定，此处意指安分守己。

⑦则：意为效法。

⑧守：操守，此处引申为内心的主见。

【解读】

本文题目《大礼》看似难以理解，其实通过全文中周文王与姜太公的对话我们已经可以明白，"大礼"的意思即是说"君臣之间的礼节"。前几篇分别讨论了"治理国家的准则""对待人民的准则"，这一篇讨论的则是君臣之间的行为准则。

开头依然由周文王的问题引出话题。由周文王的问题我们可以看出，周文王是一个比较随和的君王，因为他懂得要学习君臣之道。也懂得君臣和睦对一个国家是多么的重要。姜太公告知周文王，这二者要做的就是"为上唯临，为下唯沉"，进一步地要"为上唯周，为下唯定"。从姜太公的论点中我们可以看出，君臣相处的一个关键点就是"君臣有别"。君王与臣子需要做的事情是不同的，君王要"统治"，臣子要"服从"，这是最基本的。君王可以随和，但绝不能丢失自己的统治者身份，否则君臣混淆，国家也就无法安定。

在后面的解说中，姜太公又提到了作为君王一个关键的要求，就是要广开言路，听取来自四面八方的意见。一个国家幅员辽阔，君王无法一一了解各地的情况，所以必须从四面八方听取意见，才能整体了解国家的真实情况。只有在了解情况的

14

基础上，才能谈更好地治理，否则"治理"一词无从谈起。

目贵明，耳贵聪，心贵智

在本篇中，姜太公提到了一个君王需要做的事，就是广开言路，听取来自各处的意见，洞察民情。作为一个君王，他的意见主要来源于臣子。对一个国家来说，君王很重要，因为他是一个国家的统治者，但君王的臣子也同样重要，因为对于国家来说臣子才是真正意义上的实施者。君王的命令下达后，要由臣子来施行，施行得好与坏都是由臣子做得好坏决定的。所以臣子的意见对君王尤为重要，但正因为臣子有如此的重要性，为了避免官官相护的情况，君王也不能只听取臣子的意见，了解人民的想法才是最重要的。

听取意见，不仅要求用耳朵听，也要亲自看，最重要的是心里要明白，有自己的判断力，不能别人说什么就认为什么是对的。同时要为人民设身处地地考虑。做到这些，就相当于融合了天下人的智慧，全天下的眼睛、耳朵、思想都成了自己的。

15

明传

【原文】

太公曰："见善而怠，时至而疑，知非而处，此三者，道之所止也。柔而静，恭而敬，强而弱，忍而刚，此四者，道之所起也。故义胜①欲则昌，欲胜义则亡，敬②胜怠则吉，怠胜敬则灭。"

【译文】

太公回答道："有善事却懈怠不去做，时机来到却迟疑不决，知道有错误却泰然处之，这三种情况就是先圣的治国之道所应废止的。柔和而清静，谦恭而严谨，强大而自诩弱小，隐忍实则刚强，这四种情况是先圣的治国之道所应推行的。所以，道义胜过欲望国家就能昌盛；欲望胜过道义，国家就会灭亡；严谨胜过懈怠，国家就能吉祥；懈怠胜过严谨，国家就会灭亡。"

【注释】

① 胜：超过，压倒。
② 敬：恭谨。怠：懈怠。

【解读】

这一篇讨论的内容，对一个国家来说很重要，就是"治国之道"。周文王卧病在床，认为"天将弃予"，正逢太子姬发也在身边，周文王作为一个君王，同时又是一个父亲，自然希望自己的儿子之后也能很好地治理国家。所以他希望能知道一些治国之道，好作传给子孙之用。

而姜太公的回答很简单，只有三句，却句句包含哲理，循序渐进，一步步阐明治国之道中应该推行的以及需要废除的做法。

三句中，太公首先说明的是国家灭亡的原因，也就是"见善而怠，时至而疑，知非而处"，这是作为一个圣贤在治理国家时所应废止的做法。如果一个君王不废止这些做法的话，只会让自己的国家更加混乱，人民不得安宁。第二句则说明的是一个国家之所以能够昌盛的原因："柔而静，恭而敬，强而弱，忍而刚。"其实这是作为一个国家的最高境界，能做到这些的国家无疑能取得民心，同时周边国家也自然会归顺，天下一统也就指日可待。第三句则是国家昌盛与否最重要的因素："义胜欲则昌，欲胜义则亡；敬胜怠则吉，怠胜敬则灭。"国家能做到什么程度，就看这个国家推行的政策如何了。如果君王能明白这些道理并完全为己所用，则国家昌盛就自然能得以实现了。

【谈古论今】

义胜欲则昌，欲胜义则亡；敬胜怠则吉，怠胜敬则灭。

道义胜过欲望，国家就能昌盛；欲望胜过道义，国家就会灭亡；严谨胜过懈怠，国家就能吉祥；懈怠胜过严谨，国家就会灭亡。这一句对于治国可说是真理。正如后来的秦朝。秦朝昌盛时期一统六国，中国首次出现一个统一的王朝。如果秦始皇能安分守己地进行统治，不继续扩张自己的欲望，并多多安抚民众，那么作为一个大国的唯一统治者，想必秦朝肯定能物资丰富，人民富足。但是正由于秦始皇不满足于安逸，没有去安抚人民，反而一味地剥削人民，造成民不聊生的情景。他之后的统治者也奉行他的作风，于是一统的秦朝并没有持续多久就被揭竿而起的人民推翻了。

这个事例正是告诉了我们，作为一个君王，绝不能一味遵从自己的欲望，要严谨治国，人民才会信服，国家才能稳定长久。否则，国家的昌盛只能如昙花一现，虽然美丽，却禁不起时间的磨砺，只能风光一时。

17

六守

太公曰："一曰仁，二曰义，三曰忠，四曰信，五曰勇，六曰谋，是谓六守①。"

太公说："一是仁爱，二是道义，三是忠诚，四是信用，五是勇敢，六是谋略。这就是所谓的六守。"

太公曰："富之而观其无犯，贵之而观其骄，付之而观其无转，使之而观其无隐，危之而观其无穷。富之而不犯者，仁也。贵之而不骄者，义也。付之而不转者，忠也。使之而不断隐者，信也。危之而不恐者，勇也。事之而不穷者，谋也。人君无以三宝②借人，借人则君失其威。"

太公说："使他富裕，来考验他是否触犯礼法；使他尊贵，以考验他是否骄傲不逊；给他委以重任，以考验他是否能坚持不懈地去完成；让他做些事务，以考验他是否有所隐瞒；让他身临危难，以考验他是否临危不惧。富裕而不触犯礼法的。是仁爱之人；尊贵而不骄横的，是道义之人；身负重任而能坚持不懈地去完成的，是忠诚之人；处理问题而不有所隐瞒的，是信用之人；身临危难而无所畏惧的，是勇敢之人；面对事情而不会穷尽想法的，是有谋略的人。君王不要把这三宝交给别人，

18

如果交给别人，君王就会丧失自己的威严。"

【原文】

太公曰："大③农、大工、大商谓之三宝。农一其乡，则谷足；工一其乡，则器足；商一其乡，则货足。三宝各安其处，民乃不虑。无乱其乡，无乱其族，臣无富于君，都无大于国。六守长，则君昌；三宝完，则国安。"

【译文】

太公答道："重视农业、工业、商业这三件事叫做三宝。把农民组织起来在同一个地方进行生产，粮食就会充足；把工匠组织起来在同一地方进行生产，器具就会充足；把商人组织起来在同一个地方经商，货物就会充足。让这三大行业各自安在各处，人民就不会有忧虑。不应打乱这种结构，不要拆散居民的家族，臣民不能比君王富有，城邑不能比国都大。遵守用人的六项标准能得以发挥所长，君王的事业就能昌盛发达；三宝得以完善发展，国家就能长治久安。"

19

【注释】

①六守：守，遵守，奉行。六守，即用人的六项标准。
②三宝：宝，宝贵。三宝，即关系国家经济命脉的三件大事。
③大：重视。

【解读】

现今有一句很流行的话："21 世纪最重要的东西是什么？"想必大家都知道回答，那就是"人才"！一个人才对一个企业甚至国家有多么重要是毋庸置疑的，很多国家为了网络一个人才不惜花费大笔的钱财；学校为了录取到好的生源也常常提

出诱人的条件。在古时，周文王和姜太公也讨论了关于用人的问题。

对一个国家来说，用人不当会有严重的后果，轻则会失去人民的信任，重则能失去整个国家。这当然是一个君王不愿意看到的。太公告诉周文王选取人才的标准，就是要符合"六守"。"六守"是指仁爱、道义、忠诚、信用、勇敢、智谋这六种难能可贵的品质。如果能做到这六点，这个人无疑是一个人才。而君王还应该重视"三宝"，三宝是指农业、商业、工业。这三个行业即使以现代人的眼光看来也是一个国家的命脉，当时姜太公就得以窥见可见其明智。发展工农商业，国家的资源就得以存续，国家也就能得到很好的发展。

|【谈古论今】|

20

六守长，则君昌；三宝完，则国安。

由于社会的飞速发展，古代的很多东西都已被现代理论代替，但通过阅读《六韬》我们却可以发现，姜太公的治国、军事理论即使在现代的发达社会也依旧可行，正如这一篇的用人之说。

用人的原则在各个领域可能有所区别，但相同的是，如果能具备姜太公所说的"六守"，那么此人一定是个人才，不管在各个领域都能发挥他所长。

而三宝，农、工、商。农业是我国的第一生产力，我国作

为人口大国，粮食问题不可避免会被提到，所以农业也自然成为了我国最大的生产力。正因我国注重农业生产，并给农民提供更多

福利，农业才得以更好地发展，我国粮食问题才没有造成大隐患。同样，工业、商业的发展为我国经济做出很大贡献。

所以，选用人才时遵循"六守"，发展国家时注重"三宝"，一个国家才能更加昌盛。

守土

【原文】

太公曰："无疏其亲，无怠其众，抚其左右，御其四旁。无借人国柄，借人国柄，则失其权。无掘壑而附丘^①，无舍本而治末。日中必彗^②，操刀必割，执斧必伐。日中不彗，是谓失时；操刀不割，失利之期；执斧不伐，贼人将来。涓涓不塞，将为江河。荧荧^③不救，炎炎奈何；两叶不去，将用斧柯。是故人君从事于富。不富无以为仁，不施无以合亲。疏其亲则害，失其众则败。无借人利器^④，借人利器，则为人所害，而不终于世。"

【译文】

太公答道："不能疏远亲族，不能怠慢民众，安抚左右的近邻，控制四方地域，不要把治国大权交给别人，把治国大权交给别人，君王就会失去自己的权威。不要挖掘沟壑来填充土丘，不要舍弃根本去追逐末端。太阳正当中间要暴晒，拿起刀子要收割，拿着斧子要杀敌。正午阳光正好时不暴晒，就是丧失时机；拿起刀子不收割，就是失去好时候，手拿斧头不杀敌，敌人就会乘虚而来。涓涓细流不去堵塞它，将会聚集成滔滔江河；微弱的火星不去扑灭它，就会演变成熊熊烈火无可奈何；刚萌生的两片叶子不摘除，最终就得用斧子去砍伐。所以，为人君王必须尽力使国家变得富足。不富足就无法实行仁政，不施行仁

21

政就不能团结亲族。疏远自己的亲族就会受害，失去自己的人民就会失败。不要把治理国家的权力交给别人，治理权交给别人，就会被人所害，而不得善终。"

【原文】

太公曰："敬其众，合其亲。敬其众则和，合其亲则喜，是谓仁义之纪⑤。无使人夺汝威，因其明，顺其常。顺者任之以德，逆者绝之以力。敬之勿疑，天下和服。"

【译文】

太公回答说："尊敬自己的民众，联合自己的亲族。尊敬民众就会祥和，团结亲族就会欢喜。这就是仁义的道理。不要让人夺走了你的权力，要凭借自己的明察，来顺应常理去处理事务。对于顺服自己的人要给予恩赐并任用，对于逆反自己的人就使用武力将其消灭。遵从上述原则而不做怀疑，天下就会和睦而服从了。"

【注释】

①无掘壑而附丘：此处可引申为不要损下而益上。
②曝：暴晒。
③荧荧：非常微弱的火光。
④利器：锋利的兵器，此处引申为国家权力。
⑤纪：纲纪，纪律，基本原则、准则。

【解读】

有句话叫"创业容易守业难"，意思就是，闯出一番事业容易，但是要想守住它，让他不被人侵犯或者不被人抢走就不是很容易了。守业如此，守国当然也如此，这句话同样也适用于古时打天下的君王们。

在这一篇周文王与姜太公的对话中，文王就问到了如何"守土"，也就是如何保卫政权。古代君王政权动荡，有野心又有些实力者很多都想要当君王，所以身为君王的周文王有这种问题当然很正常。

在前面的对话中，姜太公已经说过，要想治理好国家，"爱民"是必不可少的，而在这一篇中，"守土"的要素其实也在一个"爱"字上。要善待自己的亲人，要安抚自己的人民，要体贴左右的邻国。这些做法是从心理上让别人服从，如果人人服从，政权当然就稳固了。

除了心理，也要从行为上让他人服气。作为君王，手里执掌着整个国家，并具有统帅整个国家的权力，这种权力是很重要的，绝不能轻易给予他人，否则必将引来混乱。

同时，不仅要施行仁义，对待反叛的人，也要毫不留情地加以惩罚，杀一儆百，让人民在尊敬的同时又存有敬畏。这样一个国家才能真正的稳固。

23

|【谈古论今】|

"借人国柄，则失其权，借人利器，则为人所害。"

中国古时，天下由谁掌握决定于谁的实力最强。最强的人能得到统治天下的权力，这是古时众人默认的。所以，古代人们几乎总是在征战中度过。领土的扩张也是通过"打"实现的，胜者王侯败者寇是最好的体现。

打下天下的君王手里握有整个国家的生杀大权，权力重大，绝对不能轻易给予他人。如果将治国的权力交给他人，国家将会混乱不堪。因为其他人并不如君王对国家有深刻的了解，君王为了治理好国家会尽心尽力，但其他人就不一定能竭尽全力。所以虽然君王有好有坏，但统治权握在君王手里对国家来说还是最安全的。

守国

【原文】

太公曰："天生四时，地生万物，天下有民，仁圣牧①之。故春道生，万物荣；夏道长，万物成；秋道敛，物盈；冬道藏，万物寻②。盈则藏，藏则复起，莫知所终，莫知所始，圣人配③之，以为天地经④纪。故天下治，仁圣藏；天下乱，仁圣昌；至道其然也。圣人之在天地间也，其宝固大矣；因其常而视之，则民安。夫民动而为机，机动而得失争矣。故发之以其阴，会之以其阳，为之先唱，天下和之，极反其常。莫进而争，莫退而让。守国如此，与天地同光。"

【译文】

太公说："天有四个季节，地能生长各种东西。天下有人民，人民由圣人治理。所以春天的规律是生长，万物都会欣欣向荣；夏天的规律是成长，万物都繁荣茂盛；秋天的规律是收获，万物都充盈成熟；冬天的规律是贮藏，万物都静止不动。成熟了就应贮藏起来，贮藏之后又会重新生长起来，这样循环既无终点，也没有起点。圣人参照这一规律，作为治理天下的普遍原则。所以天下得到良好统治时，仁人圣士就藏而不露；天下动乱之时，仁人圣士就出现拯救天下。规律就是如此。圣人在天地之间，他的作用确实重大；遵循常理俯视天下，人民就能安定。民心动乱就是危难发生的契机，一旦出现这种契机，天下也就会出现权力之争。所以圣人都是秘密地发展自己的力量，等到时机到了才公开，首先进行倡导，天下必然会群起响应。当动乱都恢复正常时，不要进而争功，也不用退而让位。这样守国，就可以与天地共存，日月同光。"

【注释】

①经：常理，一般规律。
②牧：治理，管理。
③寻：隐藏不动的意思。
④配：相配，此处引申为参照仿效。

【解读】

　　在前面的一篇里，周文王询问了有关守卫领土的问题，在这一篇里，文王更加深刻地询问了关于保卫国家的问题，并和姜太公进行了深刻的讨论。对于一个君王而言，守卫领土是第一步，保住自己的领土才能发展国家；保住领土之后就是保卫国家了。君王的任务就是更好地将自己的国家发展下去，并尽可能地让其持续发展，人民安居乐业。

　　姜太公以天地之间运行的道理，也就是四季交替的常理，向文王解释了天下动荡时的规律。春天欣欣向荣，夏天枝繁叶茂，秋天万物成熟，冬天万物蛰伏，正如天下。人民安居乐业则无人奋起，天下混乱则群雄纷争。圣人在动荡之时出现，为人民排忧解难，等危难过去，天下安定，圣人则随遇而安。天下的规律就是这样起起伏伏。

【谈古论今】

<h3 align="center">王侯将相宁有种乎</h3>

　　周文王与姜太公在整本书中讨论的都是关于作为一个君王要怎么做的问题。在前一篇中，周文王已经询问过关于保卫领土的问题，而这一篇就是关于保卫国家了。守住领土是治理国家的前提，所以在了解了如何保卫领土之后，文王自然就提到

25

了保卫国家的话题。姜太公说到了人民奋起的方式，就是"发之以其阴，会之以其阳"。

在暴虐的秦王朝统治时期，很多人民都想奋起反抗，但因为力量不足而没能实现。陈胜和吴广是其中胜利的例子。陈胜、吴广被征发前往渔阳戍边，途中在蕲县大泽乡被大雨所阻，不能如期到达目的地，根据秦朝法律，过期要斩首。去也是斩首，不去也是一死，在这种情况下，陈胜就想到了起义。陈胜起义的典故在《史记·陈涉世家》中有记载，也被选入中学语文课本。

"王侯将相宁有种乎！"是其中一句名言。在劝说大家进行起义时，陈胜对以血缘决定身份的情况很不满，这才发出了这句感慨。诚然，人的身份并不是由上辈决定的，而应该由自己的努力决定。这句话即使在现代也算是一句很明智的话，而在当时的陈胜就能够发出如此感慨，足见其大志雄略。有如此心怀壮志又有智谋的领导统帅，农民们揭竿而起，揭开了反抗秦王朝残暴统治的序幕。

上贤

太公曰："王人者，上贤，下不肖，取诚信，去诈伪，禁暴乱，止奢侈。故王人者，有六贼七害。"

【译文】

太公回答说："作为君王的人，应该看重贤能之人，抵制不孝不义之徒，任用诚实信用之人，除去奸诈虚伪之徒。禁止暴乱行为，制止奢侈浪费。所以为人君王，应当注意六贼、七害。"

【原文】

太公曰："夫六贼者：一曰，臣有大作宫室池榭，游观倡乐者，伤王之德。二曰，民有不事农桑，任气游侠，犯历法禁^①，不从吏教者，伤王之化。三曰，臣有结朋党，蔽贤智，障主明者，伤王之权。四曰，士有抗志高节，以为气势，外交诸侯，不重其主者，伤王之威。五曰，臣有轻爵位，贱有司，羞为上犯难者，伤功臣之劳。六曰，强宗侵夺，凌侮贫弱者，伤庶人之业。"

27

【译文】

太公回答说："所谓六贼：一是，臣子中有人大兴土木，修建宫室池榭，以供游乐观赏的，就会有伤君王的德行；二是，人民中有不从事农桑，任意妄为，违反法条禁令，不服从官府管教的，就会有伤君王的教化；三是，臣子中有结党营私，排挤贤臣，蒙蔽君王视听的，就会有伤君王的权力；四是，兵士中有心高气傲，气焰嚣张，又在外结交诸侯，不尊重君王的，就会有伤君王的威严；五是，臣子中有轻视爵位，藐视上级，耻于为君王冒险的，就会有伤功臣的劳苦；六是，强大的宗族互相侵犯掠夺，欺压贫弱百姓的，就会损害普通百姓的生活。"

【原文】

"七害者：一曰，无智略权谋，而以重赏尊爵之故，强勇轻战，侥幸于外，王者慎勿使为将。二曰，有名无实，出入异言^②，掩善扬恶，进退为巧，王者慎勿与谋。三曰，朴其身躬，恶其

衣服，语无为以求名，言无欲以求利，此伪人也，王者慎勿近。四曰，奇其冠带③，伟其衣服，博闻辩辞，虚论高议，以为容美，穷居静处，而诽时俗，此奸人也，王者慎勿宠。五曰，谗佞苟得，以求官爵，果敢轻死，以贪禄秩，不图大事，得利而动，以高谈虚论，说于人主，王者慎勿使。六曰，为雕文刻镂，技巧华饰，而伤农事，王者必禁之。七曰，伪方异技，巫蛊左道，不祥之言，幻惑良民，王者必止之。"

【译文】

"所谓七害：一是，没有智略权谋，为了获得重赏高位，而强作勇猛轻率作战，意图侥幸获胜的，君王切勿让这种人担任主将；二是，徒有虚名却无真才实学，言语不一，掩盖善良宣扬丑恶，花言巧语，君王必须慎重，切勿同这种人共谋大事；三是，外表朴实，穿着恶劣，自称无为其实为名，自称无欲其实图利，这是虚伪的人，君王切勿同他亲近；四是，冠带奇特，衣着宏伟，学识广博能言善辩，说话虚无，以此为自己装点门面，身居简陋的地方，却专门说世俗的不好，这是奸诈之人，君王切勿宠信；五是，花言巧语来谋求官爵，不惜性命贪图俸禄，不顾大局，有利就图，大说空话取悦君王，这种人君王切勿任用；六是，为雕刻华丽饰品一类的奢侈工作而妨害农业生产的，君王必须加以禁止；七是，用虚伪的方法、奇特的技术，邪门歪道，不吉利的言词来迷惑欺骗善良群众的，君王必须禁止。"

【原文】

"故民不尽力，非吾民也；士不诚信，非吾士也；臣不忠谏，非吾臣也；吏不平洁爱人，非吾吏也；相不能富国强兵，调和阴阳，以安万乘之主，正群臣，定名实，明赏罚，乐万民，非吾相也。夫王者之道如龙首，高居而远望，深视而审听。示其形，隐其情，若天之高不可极也，若渊之深不可测也。故可怒而不怒，奸臣乃作；可杀而不杀，大贼乃发。兵势不行，敌国乃强。"

【译文】

"所以人民不尽力从事农作，就不是好群众，士兵不诚实守信，就不是好士兵；大臣不敢忠言进谏，就不是好大臣；官吏不公平廉洁爱护群众，就不是好官吏；宰相不能富国强兵，调和各级问题，确保君王地位稳固，整顿群臣，核查名实，严明赏罚，使人民安居乐业，就不是好宰相。做君王的应该像龙头一样，高瞻远瞩，洞察一切，慎重听取意见。表现得庄严肃穆，隐藏内心真情，让人感觉像天那样高而无法穷极，像悬崖那样深而无法测量。所以，君王应该发怒时而不发怒，奸臣就会兴风作浪；该杀而不杀，贼人就会乘虚而入。不训练好士兵，敌国就会强大起来。"

【注释】

① 犯历法禁：触犯法令。
② 出入异言：言行不一。
③ 冠带：穿衣打扮。

【解读】

从这一篇的篇幅以及内容我们可以看出，在这一次姜太公向周文王讲述了很多道理，其中最为核心就是"六贼、七害"，而这"六贼、七害"指的是什么样的人或事，姜太公在对话中就详细对其进行了解说。

首先，六贼指的是六种会损害君王威严，让君王权力难以很好实现的六种人。这其中有权力重大的臣子，也有平头百姓。所以，太公的意思主要就是，不论是什么人，身份如何，只要具有这六种行为，就必须要严加禁止。其中如果是臣子触犯，可能还要更严肃处理，因为臣子们具有别人不具备的权力，可能会造成更大的影响。翻看现代的我国《刑法》我们也可以发现，国家公务人员犯法的处罚会更加严重，因为他们具有权力，对国家、对社会的不利影响更加严重。

七害则是七种人们可能会有的行为，有这七种行为的人，不管是谁，都会对君王产生影响。所以一定要禁止。

六贼、七害如果不禁止，只会让君王的威信受损，影响国家的治理。所以在二人的谈话中，姜太公才特意点明这几点，让周文王得以警戒。

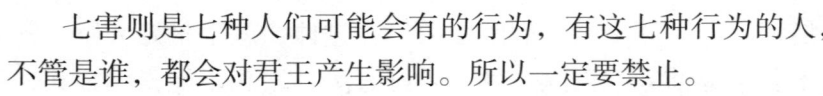

【 谈古论今 】

上贤，下不肖，取诚信，去诈伪，禁暴乱，止奢侈

看重贤能之人，抵制不孝不义之徒，任用诚实信用之人，除去奸诈虚伪之徒。禁止暴乱行为，制止奢侈浪费。这几点说来简单，其实做到并不容易。

自古以来，贤明的君王并不很多。为人君王总是喜欢听好话，喜欢被人奉承。朝廷里的忠臣，很多都是为了国家发展而说实

话。但能像唐太宗一样将实话认真听进去的君王并不多，所以佞臣就受到很多君王的喜爱。我国有名的英雄岳飞就是因为君王用人不善而惨死。在宋朝当时混乱的局势下，宋高宗不听取岳飞的谏言，反而听信秦桧的谎话，将正在作战的岳飞以十二道金牌召回朝廷，并被秦桧以

30

"莫须有"的罪名处死。这些事情在我们当今看来都是让人恨得牙痒痒，但作为一个君王，确实是爱听好话多过实话，所以宋高宗听信秦桧之言也是有理可循。

举贤

|【原文】|

太公曰："举贤而不用，是有举贤之名，而无用贤之实也。"

|【译文】|

太公答道："选拔出贤人而不加以任用，这是空有举贤的虚名，而没有用贤的实质。"

|【原文】|

太公曰："其失在君好用世俗①之所誉，而不得真贤也。"

|【译文】|

太公回答说："问题出在君王喜欢任用世俗所称赞的人，因而就无法得到真正的贤人了。"

|【原文】|

太公曰："君以世俗之所誉者为贤，以世俗之所毁者为不肖，则多党者进，少党者退。若是，则群邪比周②而蔽贤，忠臣死于无罪，奸臣以虚誉取爵位，是以世乱愈甚，则国不免于危亡。"

|【译文】|

太公回答说："君王认为世俗称赞的人就是贤人，世俗毁

誉的人就是不肖之徒，这样的话党羽多的人就会被选用，党羽少的人就会被筛掉。如果这样的话，那邪恶的人就会被选中而贤人就会被埋没，忠臣无罪却被致死，奸臣用虚伪的称赞获得爵位，这样世道就会尤为混乱，那么国家就会无法免于灭亡了。"

||【原文】||

太公曰："将相分职，而各以官名举人，按名督实。选才考能，令实当其名，名当其实，则得举贤之道矣。"

||【译文】||

太公答道："将相分工，根据官吏应具备的条件选拔贤人，根据官吏的职责考察其工作实绩。选拔人才，考察他的能力，使其德行与官位相称、官位同德行相称，这样就掌握了举贤的原则和方法了。"

||【注释】||

① 世俗：指一般平常、凡庸的人。
② 比周：串通勾结。

||【解读】||

通过各篇文章的内容我们可以看出，周文王与姜太公的对话是循序渐进的。前面在"六守"中太公与文王讨论了选拔人才的标准，文王对此已深有见地。所以在这一篇，二人讨论的是选拔出人才后"用人"的问题。题目虽为"举贤"，其实也为"用贤"，选人重要，用人更重要。

太公认为，选拔人才不能看别人是否推崇这个人。俗话说"小隐隐于野，大隐隐于市"，可见但凡贤能之士，很多都有不希望为人所知的想法。并且很多贤人想法异于常人，也不乐于去

32

附和他人的想法，所以经常会引来不解。比起油嘴滑舌的人，很多能人志士都不被人所理解。所以如果只通过他人的评价来选拔人才，并不能收到很好的效果，很多时候还会适得其反。姜太公在这里正是阐述了这一事实。录用评价好的人，很多时候不仅不能找到贤人，有时还会给其塑造结党营私的便利条件，更不利于君王以及国家。所以，良好选人，合理用人，才是君王应遵循的道理。

【谈古论今】

实当其名，名当其实

如何从芸芸众生中选出自己想要的、需要的人才，这是个所有作为领导者都头疼的问题。但其中比较共通的一点是：选出的人才必须适合岗位，否则只能造成反效果。

而选拔的最终要务就是：实当其名，名当其实。意思就是，选出的人才的才能要符合岗位需求，而同样的岗位需求也要反过来符合人才能力。这样相互照应，才是最理想的状态。

人的才华是多种多样的，但即使是人才，对于事物也有适不适合一说。一个研究古文学的人，如果要他带兵上战场，那么一定不合适。只有岗位与人才的能力互相符合，才能真正使人才发挥所长，岗位也不至于形同虚设。

33

赏罚

【原文】

太公曰："凡用赏者贵信，用罚者贵必。赏信罚必于耳目之所闻见，则所不闻见者莫不阴化①矣。夫诚，畅②于天地，通于神明，而况于人乎！"

【译文】

太公回答道："奖赏的问题贵在守信，惩罚的问题贵在必行。奖赏守信，惩罚必行，是人们能耳闻目见的，没有听到或看见，也都会潜移默化了。诚信能够畅行于天地之间，上通于神明，更何况是对人呢！"

【注释】

①阴化：潜移默化。
②畅：畅行无阻。

【解读】

正如题目所写，这一篇的主题即为"赏罚"，也就是奖赏和惩罚。这两个词语说来容易，做来却很困难。周文王很聪明地向姜太公询问了这个问题，这个解答当然也会十分有用。

姜太公这一次关于赏罚的提点很短小，却很精湛，其实总结起来就是四个字：赏信罚必。就是说对守信的人要奖赏，对犯错的人的惩罚则一定要实施，如果不实施，小则人们会对奖赏或惩罚不再在意，大则人们会对君王的言辞不再信服，这可是关乎君王权力的问题，对于君王来说绝对不能小觑。姜太公也说了，如果你做到了，大家就都看见了，也就共通了。而对于奖赏，诚信一定是要奖赏的，因为连神明都称赞守信的人，作为人就更应该如此。

如果能做到赏信罚必，奖赏的问题也就算是解决了。对于一个国家来说，这又无外乎一件大事。

赏信罚必

奖赏与惩罚是用人中的大问题。奖赏能使人做事更有积极性，而惩罚则会起到警戒的作用，正所谓杀一儆百，不仅对惩罚者本身，对周遭也是良好的警告。作为君王，手里掌握着无上的权力，奖赏谁惩罚谁都是一句话的问题，但是正是这个"谁"中却有大文章。

赏信罚必，这四个字在本篇中提到数次。而其实要做到这个并不很容易。在奖赏方面，很多时候能做到，但由于君王个人的想法，可能会对奖赏有意见，所以很多奖赏也无法得以实施。而惩罚，如果是君王关系亲密的人，也许君王就无法做到公正，也就不能"罚必"了。比如商朝的纣王与妲己，纣王宠爱妲己到无以复加的地步，最后甚至为了美人断送了国家。这样的君王如果你要他去对妲己进行惩罚，他是一定不愿意的，而且会因为妲己的话而随意对人民施暴。

所以，奖赏与惩罚说来简单，其实各种韵味无限，要做到也实属不易。

兵道

太公曰："凡兵之道莫过乎一，一者能独往独来。黄帝曰：'一者阶于道，几^②于神'。用之在于机，显之在于势，成之在于君。故圣王号兵为凶器，不得已而用之。今商王知存而不知亡，知乐而不知殃，夫存者非存，在于虑亡；乐者非乐，在于虑殃。今王已虑其源，岂忧其流乎！"

【译文】

太公回答道："用兵的原则基本就在于统一指挥，统一了，军队就能独往独来。黄帝说：'统一指挥符合用兵的规律，可以达到神般的境界。'运用统一指挥关键在于时机，显示出这一原则关键在于形势，能让他成功关键在于君王。所以古时圣明的君王称战争为凶器，只有在不得已之时才用它。现在商王只知道他的国家存在而不知道他的国家可能会灭亡，只知道享乐而不知道自己就要遭殃。国家的存在不在于现在是否存在，而在于是否能考虑到可能灭亡的问题；君王能否享乐不在于现在是否在享乐，而在于能否做到享乐的同时又考虑忧患问题。现在您已经考虑到安危存亡的最根本问题，至于其他分支的不重要问题还有什么好忧虑的呢？"

【原文】

太公曰："外乱而内整，示饥而实饱，内精而外钝^③，一合一离，一聚一散，阴其谋，密其机，高其垒，伏其锐。士寂若无声，敌不知我所备。欲其西，袭其东。"

【译文】

太公回答说："要外表假装混乱其实内部整齐划一；外表装出饥饿的样子，其实物资储备充足，实际装备精良，人员齐备，而外表表现出很弱小、不堪一击的样子。让军队一会儿集合一会分离，一会儿聚集一会分散，隐蔽起自己的想法，保密自己的意图，加高加强城墙壁垒，用精锐部队进行埋伏。士兵们都寂静的好像没有声音，让敌人无法知道我方的装备和兵力部署。想要从西边发起攻击，就先从东边假装进行袭击。"

【原文】

太公曰："兵胜之术，密察敌人之机而速乘其利，复疾击其不意。"

【译文】

太公回答说："作战取胜的方法，在于周密详尽地洞察敌情，迅速抓住有利的时机，在对方出其不意的情况下，迅速对其予以打击。"

【注释】

①一：统一指挥。

②几：接近。

③钝：不锋利。此处引申为疲软、衰弱，不堪一击。

【解读】

首先需要注意的是，在这一篇里，作为主角之一的君王已经不是之前的文王，而是周武王了。在前面的篇章中我们曾经见过这个王，在"明传"篇里，武王即是当时还是太子的姬

发。在文王生病在床时，那时文王认为自己命不久矣，所以询问了太公一些问题希望能给儿子一些提示，可见文王是很看好这个儿子的。而现在姬发能问出这些问题，而且也被姜太公评价了"您已经考虑到安危存亡的最根本问题"，足以证明文王在选人方面还是颇有些眼光的。

用兵对于君王是个很重要的问题。通过这一篇我们可以些微地看出，武王是个有些野心的人，他对于自己的国家确实考虑得比较周全了，但同时，他也思考着"我欲袭之，不得其利，为之奈何"。但俗话说"不想当将军的士兵不是好士兵"，可能正是因为姬发有勇有谋，文王才选择他作为太子。

用兵之道在于统一指挥，士兵们听从将军的指挥，统一行动，才能出其不意，一举攻破。

【谈古论今】

凡兵之道，莫过于一

用兵是个很深奥的问题，其中的方法很多，各种不同的方法会造成不同的后果。在这一篇里，姜太公提出的一个用兵之道就是一。这里的"一"当然不是我们现在通常理解的数字"1"，古代汉语中很多词汇和现在的意思都不一样了，不能以现在的理解去揣摩。这里的"一"指的是"统一"，作动词用。而用在用兵中，统一要理解为"统一指挥"了。指挥的统一，士兵们一致行动，军队势必就会整齐划一，首先从气势上就能对敌军构成威胁。再有，如果行动能足够整齐，士兵们的心理也会比较强势，作战也就会心情高涨，更容易收到良好的效果。

所以，统一指挥是用兵中的关键点，军队行动统一了，各种计策才好得以实施。否则，如果军队如一盘散沙，那谋略计策什么的根本就不用提，也根本无法实施。

卷二 武韬

发启

【原文】

太公曰："王其修德以下贤，惠民以观天道。天道无殃，不可先倡；人道无灾，不可先谋。必见天殃，又见人灾，乃可以谋；必见其阳，又见其阴，乃知其心；必见其外，又见其内，乃知其意；必见其疏，又见其亲，乃知其情。"

【译文】

太公答道："君王应修养德行来礼贤下士，对人民群众加以恩惠来观察上天运行之道。当上天运行得还没有显现灾害时，不能先行去提倡讨伐。当人间运行之道没有出现灾害时，不能先行谋划征讨。必须看到既出现了天灾，又发生了人祸，才可以谋划出兵征伐；既看到他表现出的好的一面，又了解他隐藏起的秘密一面，才能知道他的真实想法；既看到他的外在表现，又了解他的内心隐秘活动，才能知道他的真实意思；既看到他疏远的人，又了解他亲近的人，才能知道他的真实情感。"

【原文】

"行其道，道可致也；从其门，门可入也；立其礼，礼可成也；争其强，强可胜也。

【译文】

"遵循正确的道路，目标就可以实现；遵从正确门路的指引，就能由此掌握门路；建立恰当的礼仪制度，就能成就正确的礼仪；争夺强大的地位，就可以战胜强大的敌人。

【原文】

"全胜不斗，大兵无创，与鬼神通，微哉！微哉！与人同病相救，同情相成，同恶相助，同好相趋，故无甲兵而胜，无冲机①而攻，无沟堑而守。

【译文】

"不进行战斗就取得全胜，没有任何创伤就大败敌军，就好像和鬼神相互有沟通一样。微妙啊！微妙啊！能与人共同承担疾苦而相互救援，共同分享情感而相互保全，同样憎恶却能相互帮助，有相同爱好而能共同追求，这样的话就是没有士兵军队也能取胜，没有先进的作战工具也能进攻，没有沟垒也能进行防守。

【原文】

"大智不智，大谋不谋，大勇不勇，大利不利。利天下者，天下启之；害天下者，天下闭之。天下者，非一人之天下，乃天下之天下也。取天下者，若逐野兽，而天下皆有分肉之心；若同舟而济，济则皆同其利，败则皆同其害。然则皆有启之，

无有闭之也。无取于民者，取民者也；无取于国者，取国者也；无取于天下者，取天下者也。无取民者，民利之；无取国者，国利之；无取天下者，天下利之。故道在不可见，事在不可闻，胜在不可知。微哉！微哉！

【译文】

"真正的大智慧不会表现得很智慧，真正的智谋不会表现出智谋，真正的勇敢不会显现出勇敢，真正的利益不会一看就有利益。对天下都有利的，天下的人们都欢迎他；使天下人都受到损害的，天下人都排斥他。天下不是一个人的天下，而是天下所有人的天下。夺取天下这件事，就好像追逐野兽一样，天下所有人都有分享野兽之肉的想法；又好像坐同一条船渡河一样，顺利渡河了，大家都达到了目的享受到了利益，如果失败了，那么大家都会从中受到伤害。如果能这样做，那么天下人就都欢迎他，不会有反对他的了。不从人民那里获取利益，就是给人民收获福利；不从国家那里掠夺利益，就是给国家带来利益；不夺取天下人的利益，就是给天下人赋予利益。不从人民那里获取利益，人民就会反过来给他利益；不从国家那里掠夺利益，国家就会转而给他赐予利益；不夺取天下人的利益，天下人都会集中给他利益。所以，这种方法人们看不见，这种事情人们听不到，这种胜利人们不知道。微妙啊！微妙啊！

【原文】

"鸷鸟将击，卑飞敛翼；猛兽将搏，弭耳俯伏；圣人将动，必有愚色。

【译文】

"鸷鸟将要发起攻击时，一定会先飞得很低并把翅膀收起来；猛兽将要开始搏斗时，一定会先低下头把耳朵贴在地上；

圣人将要开始行动时，一定会先向人表示出自己的愚蠢。

【原文】

"今彼殷商，众口相惑，纷纷渺渺，好色无极，此亡国之征也。吾观其野，草营胜谷；吾观其众，邪曲胜直；吾观其吏，暴虐残贼，败法乱刑，上下不觉。此亡国之时也。大明②发而万物皆照，大义发而万物皆利，大兵发而万物皆服。大哉圣人之德！独闻独见，乐哉。"

【译文】

"现在的商朝，人民群众都在四散谣言，社会动荡异常，但纣王却还荒淫无度，这是国家要灭亡的征兆。我观察他们种植的田野里，野草长得比禾苗还要长；我观察他们的臣子，奸诈邪佞之辈超过了忠诚正直之士；我观察

43

他们的官吏，暴虐残酷又奸诈，违法乱纪，在这种形势下，他们朝廷社会上下依然无所察觉。这就是到了要亡国的时候了。有圣明的事物那么普天之下的万物都能受到照耀，有正义之士兴起则普天之下的万物都能从中获得利益，有伟大的军队兴起征讨那么天下万物都会臣服。圣人的德性确实非常伟大！他们有独特的消息，独到的想法，这是非常让人欢乐满足的。"

【注释】

① 冲机：古时用来战斗的武器，多为战车。
② 大明：指太阳。

【解读】

　　周文王之所以能赢得姜太公这个贤明之士的忠诚，他所具有的特点不容忽视，从这篇文章中我们就能看出文王的一个特点。文王在好好经营自己国家的同时，也不忘为天下人的幸福安危担心，这正是他能赢得太公忠诚的原因之一。商朝暴虐无道，纣王沉溺女色，荒废政事，国家被搞得一团乱。文王在了解到这个现象之后，很担忧地向太公询问解决办法，希望能解救沉浸在痛苦中的人民。文王这种能为天下百姓担忧的精神正是他作为一个君王很难得的特质。

　　通过商朝纣王的行为，姜太公为文王进行了分析，然后进一步讲述了如何夺取天下。比起前面总是一篇篇讲述，每篇侧重一个话题，这一篇更加全面地从各个方面阐述战争的道理。首先是作为君王本人，要"修德以下贤，惠民以观天道"，接着是要正确清楚地认识社会形态与世界形势，通过对各个方面的观察，把握战略时机是否成熟。在"天道无殃"时"不可先倡"，若"人道无灾"则"不可先谋"。再来是要"全胜不斗，大兵无创"，就能好似"与鬼神通"。而最终要做到的就是"大明发而万物皆照，大义发而万物皆利，大兵发而万物皆服"。能做到这几点就可以夺取天下。

【谈古论今】

天下者非一人之天下，乃天下之天下也

　　在六韬开篇时，姜太公就提出了一个论点，也就是关于天下属于谁所有的问题，当时他就提出"天下非一人之天下，乃天下之天下也"。姜太公对于天下所属的问题已经有了很明确的观点，也就是天下是"天下之天下"，所以，不管你有多么强大，也不要忘了天下是为天下所有人共有，不可能为一人所有。如果不知道这一点，那么必然将会惹来天下人的愤恨，继而失去自己所有的领土。

文启

【原文】

太公曰："何忧何啬①，万物皆得。政之所施，莫知其化；时之所在，莫知其移。圣人守此而万物化，何穷之有，终而复始。优而游之，展转求之；求而得之，不可不藏；既以藏之，不可不行；既以行之，勿复明之。夫天地不自明，故能长生；圣人不自明，故能明彰。

45

【译文】

太公回答说："这没什么可忧虑的，也没什么好制止的，天下万物自然就能各得其所，从而繁荣生长。颁布施行的政令，要让人民潜移默化地受到它的作用，就好像时间一样，人们都感觉不到它的逝去。圣人遵守这一规律，这样一来天下万物就会逐渐地被感化，没有穷尽之时，周而复始地这样。这种优雅从容的治理方式，就是君王辗转反侧应该要求得的；如果求到了，就不能不藏在心里；如果已经藏在心里了，就不能不贯彻执行；如果已经彻底贯彻执行了，就不用再将其中的奥秘明白地告诉天下众人。天地不向万物说明自己的生长规律，万物却会自己按照规律生长；圣人不向天下说明自己的英明之处，也能从各种事中明白地体现出来。

【原文】

"古之圣人聚人而为家，聚家而为国，聚国而为天下；分封贤人以为万国，命之曰大纪。陈其政教，顺其民俗；群曲②化直，变于形容；万国不通③，各乐其所；人爱其上，命之曰大定。呜呼！圣人务静之，贤人务正之，愚人不能正，故与人争；上劳则刑繁，刑繁则民忧，民忧则流亡。上下不安其生，累世不休，命之曰大失④。

【译文】

"古时的圣人把人们聚集起来就成为了家庭，把许多家庭聚集起来就组成了国家，把许多国家聚集起来就形成了天下。将各种贤人分别封给他们各种诸侯职位，把这一切作为治理国家的纲纪。陈述罗列宣传他们的教化，顺应人民固有的风俗习惯；这样就能把大家都不对的东西变成对的；各国的风俗习惯不尽相同，人们各自都喜欢自己所处的地方；人人都尊敬爱戴高高在上的君王，这就叫做大定。唉！圣人致力于清静无为，贤人致力于摆正作为，愚昧的人无法摆正自己的行为，所以会与他人争斗。君王总是颁布新的法令就会导致刑罚频繁苛刻，刑罚频繁苛刻就会造成人民担忧，无法安宁；人民担忧就会四处流散逃亡。社会上上下下都无法安定地过日子，世道也会不停休地出事，这就叫做大失。

【原文】

"天下之人如流水，障之则止。启之则行，静之则清。呜呼！神哉！圣人见其所始，则知其所终。"

【译文】

"天下人的内心就好似流水一般，阻塞它就停止，开放它就流动，安静它就清澈。唉！真是神妙啊！只有圣人才能看到它的萌芽，并进而推断出它的结果。"

【原文】

太公曰："天有常形⑤，民有常生⑥，与天下共其生而天静矣。太上因之，其次化之。夫民化而从政，是以天无为而成事，民无与而自富，此圣人之德也。"

【译文】

太公回答说："天有一定的变化规律，民众有惯常从事的营生。君王能同人民一起共同分享这些营生，天下就会变得很平静。所以说最好的统治方式是顺应人民的想法进行治理，其次就是宣扬自己优秀的政治方法来感化人民。人民被感化到了就会服从政治统治，所以说，上天什么都不做却能成就万物，人民无需给她什么东西就能丰衣足食、自给自足，这就是圣人的德行。"

【注释】

① 何忧何啬：不去担忧什么，也不要去制止什么，一切顺其自然。啬，封闭，阻塞，制止。

② 曲：不公正，邪佞。

③ 通：通"同"。

④ 大失：最大的失败。

⑤ 常形：春、夏、秋、冬四种季节中万物生长的通常、普遍性规律。

⑥ 常生：最普通的从事的为生存而进行的活动、营生。

【解读】

周文王有了姜太公辅佐，很多问题都能得到解决，所以他总是将各种问题抛给姜太公，试图得到回答，这些问题可能正是他长久以来得不到解答的问题。这次他提出的问题是"圣人何守？"从这短短的四个字的问题我们就能看出文言文的简便之处，短短四个字，用现代汉语却不能够做短短四字解释。这四个字要完全的解释过来，还要加上当时的形势和文王的心理，译过来就是："圣人要治理好这个天下，该怎么做？"一个"守"字是这句话的核心，可以翻译为"防守"，也就是"保住"的意思，而在深层次理解一下，就能理解为"治理"了。对于文王的这个问题，太公自然也早想好了答案，他认为治理中一个比较重要的原则就是"政之所施，莫知其化；时之所行，莫知其移"，也就是说政令的施行要让人们不知不觉地就接受了，就好像时间的流逝一样，人们都是感觉不到的。如果人们能在感觉不到的情况下就接受了新颁布的政令，那么政令就算真正的成功了。这样社会也会治理得非常整齐划一了。姜太公还提出观点"圣人务静之，贤人务正之"，比较直白地翻译过来就是说"圣人的目标就是为了清净，而贤人的目标就是为了让天下人们都变得正直"，圣人贤人各有分工，天下自然治理得当。不过太公在此只是拿圣人和贤人作比较，以此突出贤明的君王应该具有的特点。这样利用类比让周文王更好地理解，也就能更好地实施了。

【谈古论今】

与天下共其生，而天下静矣

作为领导，能体恤下属是一件很不容易的事情，因为领导总有一种高高在上的情绪，认为自己比他人优秀，所以很多时候会看不起下属，也就不用说与下属共事的事了。这也是孔夫子为何提出人要"敏而好学，不耻下问"。不耻下问说来简单，其实能拉下面子并不容易。

本篇提出了一个观点就是"与天下共其生，而天下静矣"，意思就是君王能和百姓一起分享百姓从事的营生，那么天下就太平了。诚然。古代君王比起现代领导，更加高高在上不可一世，是真正的天之骄子。要君王摒弃身份和百姓在一起并不是件容易的事。自古人们为了那权倾天下的王位牺牲了多少人，得到王位还能体恤百姓者，才是真正王者。

49

文伐

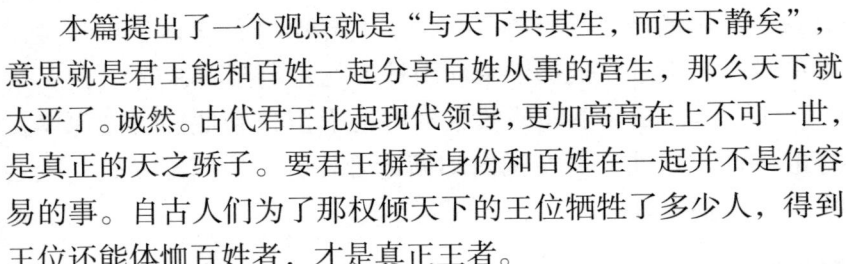

【原文】

太公曰："凡文伐^①有十二节^②：

一曰，因其所喜，以顺其志，彼将生骄，必有好事，苟能因之，必能去之。

【译文】

太公回答说："文伐的方法有十二种：

一是，依照他心里的喜好，顺从他个人的志愿。这样，他就会产生骄傲自满的情绪，肯定会去做一些奸邪的事情。如果我再能利用这一点，就必定能把他除掉。

【原文】

"二曰，亲其所爱，以分其威。一人两心，其中必衰。廷无忠臣，社稷必苊。

"三曰，阴赂左右，得情甚深，身内情外③，国将生害。

【译文】

"二是，亲近和敌国君王交好的群臣，来分散他们国家的力量。敌国的臣子们怀有了二心，肯定会降低忠诚程度。敌国朝中没有忠臣了，他的国家江山社稷就肯定会面临危亡了。

"三是，私底下贿赂收买敌国的大臣，和他们建立深厚良好的感情。这些人身在国内却惦记着外国，他们国家就一定会发生一些祸事。

【原文】

"四曰，辅其淫乐，以广其志，厚赂珠玉，娱以美人。卑辞委听，顺命而合。彼将不争，奸节乃定。

"五曰，严其忠臣，而薄其赂，稽留其使，勿听其事。亟为置代，遗以诚事。亲而信之，其君将复合之，苟能严④之，国乃可谋。

【译文】

"四是，帮助敌国的君王骄奢享乐，来扩大他对于享受的欲望，用大量珠宝贿赂他，用美女讨好他让他觉得开心。对他使用卑微的言辞，假装听他的话，顺从他的命令，迎合他的想法。这样他就不会再与我斗争，反而会肆无忌惮地发展自己的奸邪行为了。

"五是，故意对他们国家的忠臣加以尊敬，却送给他微薄的礼物，当他派来的使者前来交涉时，不予解决反而予以拖延，对他要说的问题予以回避，不以解答。极力促使敌国君王改派别的使者前来，然后再诚心和他解决要说明的问题。亲近他然后对他表现出信任，这样他们的君王就会再次和我国修复关系。如果能这样严格地执行这一行为，夺取敌国也就是有可能的了。

【原文】

"六曰，收其内，间其外，才臣外相⑤，敌国内侵，国鲜不亡。

"七曰，欲锢其心，必厚赂之；收其左右忠爱，阴示以利；令之轻业，而蓄积空虚。

【译文】

"六是，收买在敌国境内和敌国君王亲近的大臣，离间敌国君王与身在边境的大臣的关系，这样使其有才华的大臣和外面串通，使敌国内部自己乱成一团，这样做的话敌国就很少有不灭亡的。

"七是，要想使敌国君王对我深信不疑，就必须赠送大量礼物对其进行贿赂；再收买他左右亲近的臣子们，暗中给他们各种好处，让君王和大臣都忽略了自己本来的正业，造成应该囤积的东西没有储备，国库空虚。

51

【原文】

"八曰，赂以重宝，因与之谋，谋而利之，利之必信，是谓重亲；重亲之积，必为我用，有国而外，其地大败。

"九曰，尊之以名，无难其身；示以大势，从之必信，致其大尊；先为之荣，微饰圣人，国乃大偷。

【译文】

"八是，用贵重的宝物对敌国君王加以贿赂，再趁此机会和他一起商量谋划，图谋的事又要对他有利，既然对他有利他就肯定会信任我们，这样就是让我们和敌国的关系变得密切了。关系一日日变得更加密切，敌国就一定会为我所利用，他自己的国家却被外国所利用，最终必会惨败。

"九是，用显赫的名号称呼他，不让他陷于困难；让他有掌握天下大权的感觉，顺从他的想法，这样一定能获得他的信任，让他处于至高无上的尊贵地位；先赞扬他的功绩，再把他比作圣人，这样他就一定会变得骄傲进而荒废国事了。

||【原文】||

"十曰，下之必信，以得其情；承意应事，如与同生；既以得之，乃微收之；时及将至，若天丧之。

"十一曰，塞之以道。人臣无不重贵与富，恶死与咎⑥。阴示大尊，而微输重宝，收其豪杰。内积甚厚，而外为乏。阴纳智士，使图其计；纳勇士，使高其气。富贵甚足，而常有繁滋。徒党已具，是谓塞之。有国而塞，安能有国。

||【译文】||

"十是，对敌国的君王要卑躬屈膝，表示出屈服的意思，这样就能获得他的信任，也就继而能得知他的内情；承受他的意思顺应他的要求，就好像和他是一母同胞的兄弟一样亲密；如果已经得到他的信任之后，就可以慢慢一点点地加以利用；一旦时机成熟，就会好像上天要毁灭他一样顺利地把他解决掉。

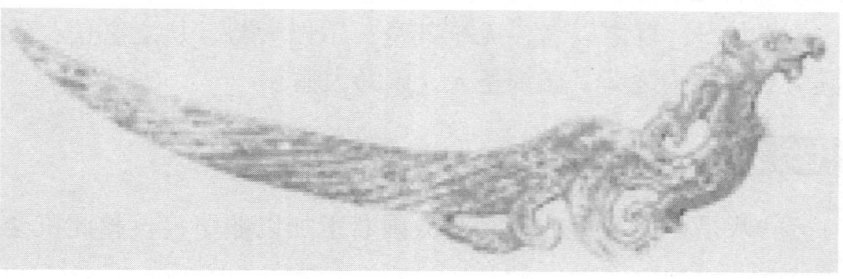

"十一是，用各种方法来闭塞封闭敌国君王的视听。但凡是为人臣子没有不喜欢贵重的东西和富有的，没有不厌恶死亡和灾难的。暗中给他承诺尊贵的官位，再秘密送给他大量财宝，来收买敌国的英雄豪杰。自己国内积蓄丰富充实，但外表却表现得贫乏困难。暗中收纳敌国的智慧谋略之士，让他和自己一同图谋大计；收纳结交敌国勇猛的人，借助他来提高我方的气势。要让这些人的富贵欲望得到尽可能的满足，再不断使他们的欲望滋长蔓延。这样，自己这边的各种各样的党羽、同道都已经具备，这就叫闭塞封闭敌国君王的视听。敌国的君王虽说还拥有着他的国家，但视听都已被闭塞，又怎么还能贯彻他自己的统治呢。

【原文】

"十二曰：养其乱臣以迷之，进美女淫声以惑之，遗良犬马以劳之，时与大势以诱之，上察而与天下图之。

"十二节备，乃成武事。所谓上察天，下察地，征已见，乃伐之。"

【译文】

"十二是，培养敌国的奸臣贼子，来迷惑他们君王的想法；给他进贡美女来迷惑他供他享乐，来迷惑他们君王的意志；给他好的骏马，让他整日沉浸在享乐从而身体疲惫；经常性地用良好的形势来取悦他，然后观察上天赋予的有利时机，进而和天下人共同商量图谋夺取他的国家。

以上十二种方法都具备并且能正确运用之后，军事行动就差不多做成了。这就是所说的了解上天赋予的时机又能明白社会创造的机遇，等到各种预示有利的征兆都已经展现出来之后，就可以兴兵讨伐了。"

53

【注释】

① 文伐：不用武力地讨伐、打击敌人。
② 节：个，种，项。
③ 身内情外：身处里面但心里向着对方。
④ 严：尊敬。
⑤ 相：帮助，辅助。
⑥ 咎：灾祸，祸患。

【解读】

古来战争无数，所以为我们现代人所熟知的打天下的方法就是用武力，发起军队，硬碰硬地去掠夺。但我们还知道的一个词汇就是"智勇双全"，这其中的"勇"当然指的就是武力，作为国家也就是军队的实力。但这里的"智"呢？当然就是智慧，也就是关于打天下的计策一类。在本篇中，周文王就是询问了姜太公关于这个"智"的问题，在文中称为"文伐"，顾名思义，不动用武力，而用"文"，也就是利用智慧打击敌国。姜太公作为一个充满智慧的人，当然不会被这个问题难住。

太公一一列举，提出了"文伐"的十二个基本要求，都是采用一些诡谲的手段，来使敌人变得疲软，然后一点点分化敌

人，尤其是分化敌国君王与忠臣的关系，然后让君王信任佞臣，这样一点点削弱敌国实力。最后姜太公强调"十二节备，乃成武事。所谓上察天，下察地，征已见，乃伐之。"可见"文伐"之重要性。

【谈古论今】

三千越甲可吞吴

说到"少众"这种以少胜多的情况，又不得不再次提到越王勾践了。

上次提到勾践是在"文伐"中，因为他善于谋略，运用自己的智慧想出了传承至今的一计：美人计，成功利用了美女西施的美貌干扰了敌人，最终达到了自己的目的，取得了胜利。而在这次以少胜多的案例中，勾践再次展现了他过人的智慧。通过多年的卧薪尝胆，勾践最终利用了敌人的轻敌心理，只用了三千精兵就击败了强大的吴国。在本文中，姜太公说到"以少击众者，必以日之暮，伏于深草，要之隘路"。勾践正是如此。在多年的卧薪尝胆中，他自己曾身为帝王的事实抛在脑后，甘为人下，为吴王擦脚提鞋，受尽耻辱，淡化了吴王的战斗心。最终取得胜利。

以少胜多的事例让人敬仰，勾践的行为也不可谓不智慧。

顺启

【原文】

太公曰："大盖①天下，然后能容天下；信盖天下，然后能约②天下；仁盖天下，然后能怀天下；恩盖天下，然后能保天下；权盖天下，然后能不失天下；事而不疑，则天运不能移，时变

不能迁。此六者备，然后可以为天下政。

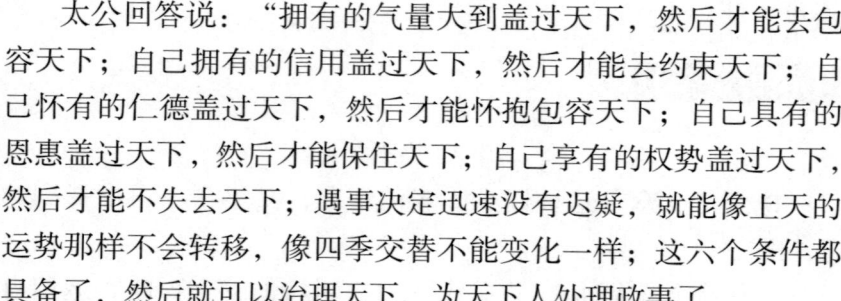

【译文】

太公回答说："拥有的气量大到盖过天下，然后才能去包容天下；自己拥有的信用盖过天下，然后才能去约束天下；自己怀有的仁德盖过天下，然后才能怀抱包容天下；自己具有的恩惠盖过天下，然后才能保住天下；自己享有的权势盖过天下，然后才能不失去天下；遇事决定迅速没有迟疑，就能像上天的运势那样不会转移，像四季交替不能变化一样；这六个条件都具备了，然后就可以治理天下、为天下人处理政事了。

【原文】

"故利天下者，天下启之；害天下者，天下闭之；生天下者，天下德之；杀天下者，天下贼之；彻③天下者，天下通之；穷天下者，天下仇之；安天下者，天下恃之；危天下者，天下灾之，天下者非一人之天下，唯有道者处之。"

56

【译文】

"所以做的事有利于天下人利益的，天下人就欢迎他；做的事会使天下人受到损害的，天下人就排斥他；能使天下人都得以生存的，天下人就佩服尊敬他；杀害天下人的，天下人就会厌恶他；贯彻上天旨意的，天下人就顺从他；造成天下人贫困的，天下人就仇视他；使天下人安居乐业的，天下人就会都来依靠他；使天下人遭受危难的，天下人就会都把他当成祸害。天下不是一个人的天下，只有道德高尚德行兼备的人才能安然处在君王的位置不被动摇。"

【注释】

① 大盖：气量、度量，胸襟。盖，包容，容纳。
② 约：约束、控制。
③ 彻：顺从，顺应。

【解读】

本篇文章的主题非常鲜明,在文章中间部分,通过核心句"此六者备，然后可以为天下政。"已经点明了，具备了六个条件才能做到"可以为天下政"。主题句作为总结性发言，我们能看出，这六个条件是叙述在主题句前的，也就是节选的原文的第一个部分，整段在描写的都是这六个条件是什么。具体说来可以总结为：大、信、仁、恩、权，还有事而不疑。这六个简单的词语确是六种很难得的优势。

大，古汉语词义，大致意为宽容、能包容。作为君王能做到宽容并不容易。信，诚信，说话算话。作为君王权倾天下，要一一为自己说过的话、做过的事负责却不是一件易事，所以"信"也可作为难得的特性之一。

能做到这六条正是一个好君王的必备条件。

57

【谈古论今】

天下者非一人之天下，惟有道者处之

姜太公对于天下归属问题有自己很深的见解，在《六韬》一书中，目前为数不多的文章中已经多次提到天下的归属问题，本篇再次提及。这一次虽然再次提出天下是"非一人之天下"，却有了新的观点，或者说是更明确地提出什么样的人能帮助天下人治理天下，也就是"道者"。姜太公最后说"惟有道者处之"，首次阐明了自己对于天下统治者应该具备什么素质的想法。

诚然。治理天下并不易，想要良好地治理，并且让众人皆

服从自己，这就是一件所有君王们奋斗终身的目标。一个"道者"，两个字说来简单，但真正能做到却难上加难。

三疑

【原文】

太公曰："因^①之，慎谋，用财。夫攻强，必养之使强，益之使张^②。太强必折，太张必缺。攻强必强，离亲以亲，散众以众。凡谋之道，周密为宝。设之以事，玩之以利，争心必起。

【译文】

太公回答说："要顺应它，还要慎重地使用计谋，再使用钱财。要进攻强劲的敌人，一定要纵容他使他恃强自傲；放任他使他张狂自大。他们过于强横必然会遭到挫折，过于张狂必然会造成缺憾。一定要用强悍的军队来进攻强大的敌人；要用收买敌人亲信的方法来离间敌人的亲信；要争取敌国民众的人心来分散敌人的民心。运用计谋的事，尤以周密最为重要。承诺要给他们一些好处，用一些利益来诱惑他们，敌人内部必然会生起争夺心。

【原文】

"欲离其亲，因其所爱，与其宠人，与之所予，示之所利，因以疏之，无使得志。彼贪利甚喜，遗疑乃止。

【译文】

"要想离间敌国君王和他们亲近的臣子的关系，应该顺应他们喜爱的东西，给予君王宠幸的臣子一些好处，给他们所想要的东西，承诺给予他们丰厚的利益，他们就会因此疏远自己的君王，就不会让他们发扬自己的志向。他们贪污了我们的利益就会觉得非常高兴，就不会存有对我们的疑惑了。

【原文】

"凡攻之道，必先塞其明，而后攻其强，毁其大，除民之害。淫之以色，啗之以利，养之以味，娱之以乐。既离其亲，必使远民，勿使知谋，扶而纳之，莫觉其意，然后可成。

【译文】

"但凡进攻的方法，一定要先闭塞敌国君王的视听，然后再攻击他强大的军队，摧毁他庞大的国家，以此来为人民除去祸害。用美女诱惑他使他受到浸淫，用丰厚的利益劝说他，用美味的食物养刁他的口味，用骄奢淫逸的享受让他感到娱乐。既然已经离间了他的亲信，还一定要使他疏远自己的人民，不要让他知道我们策划的计谋，扶持他进入我们编好的圈套，不要让他觉察到我的意图，然后我们的大事就能做成了。

59

【原文】

"惠施于民，必无爱财。民如牛马，数喂食之，从而爱之。

【译文】

"给人民施予恩惠，一定不要吝啬爱惜自己的财物。人民就好像牛马，要经常地喂养他们，他们就会顺从爱戴自己。

【原文】

"心以启智，智以启财，财以启众，众以启贤，贤之有启，以王天下。"

【译文】

"心灵可以产生智慧，智慧可以产生财富，财富可以养育民众，人民中可以诞生贤人，贤人们涌现出来，就可以帮助君王统治天下。"

【注释】

①因：顺应，利用。
②张：张狂。

【解读】

本文同样是以周武王的疑问作为开头。文章开头，武王就提出了三个问题，就是如何"攻强""离亲""散众"。这三点是想要"建功立业"的先决条件。姜太公在后面针对这三个问题一一进行了解答。

太公一开始就阐明了想要达成目标的主要做法，即是"因之""慎谋""用财"。因之，就是要顺应敌人去进攻，"攻

60

强"时要"养之使强，益之使张"，这样敌人就会"太强必折，太张必缺"，目的也就能达到了。慎谋的要点就是"勿使知谋，扶而纳之，莫觉其意，然后可成"，其实就在于这个"慎"字。要谨慎行事，攻其不备，让敌人不能察觉自己的意图，才能达到目的。用财，顾名思义就是要使用钱财。但凡普通人没有不爱财的，姜太公认为"民如牛马"，如果能做到"数喂食之"，人民就自然会"从而爱之"，顺理成章地就会依赖君王并爱戴君王了。

【 谈古论今 】

太强必折，太张必缺

在前几年的著名贺岁电影《手机》里有一句名言，是张国立扮演的智者费墨说的，现在也被很多人引用，那就是：做人要厚道。这句话的主要意思就是做人要实诚，同时也可以理解为不要太张扬。做人如果太张扬，什么事都强出头，总有一天会因此受到伤害的。有一句俗语就是形容这种情况：枪打出头鸟。还有"众矢之的"，也是形容一个人成为众人的目标的。

做人太张扬、太傲慢不仅容易成为众矢之的，而且可能还会因此受害。太过张扬会造成大家的不满，从而被大家群起而攻之，这样即使自己很强，面对一群人也不一定能撑得下去。俗话说，一根筷子很容易折断，一把筷子就折不断。说的就是众人的力量大。众人拾柴火焰高，做人不要太张扬，否则很容易遭到打压，反而会难以自处。

卷三 龙韬

王翼

【原文】

太公曰："凡举兵帅师，以将为命①。命在通达，不守②一术。因能授职，各取所长，随时变化，以为纲纪。"

【译文】

太公回答说："但凡举兵出征率领军队，都是将领掌握着整支军队的生死命运。将领掌握军队命运的关键是通晓和了解各方面情况，而不是守着一方面的知识不放。因此才能授予不同的职位，各取所长，随时进行改变，并规范它让他能得以成为一项制度。"

【注释】

① 命：此处指命运，掌握命运。
② 守：遵守，值守，墨守成规。

【解读】

本篇讲述的是王翼，可以理解为君王的左膀右臂。君王的左膀右臂当然就是国家的军队了。本篇就是讲述了作为一支军队的构成，以及对将领们、对工作的安排，各个不同职位应该排上多少人，每个职位又分别是做什么用的。

首先总体上地说明"王者帅师，必有股肱羽翼，以成威神"，来说明作为君王，拥有左膀右臂是必要的。接着说明了任命各种职位的统一原则："命在通达，不守一术，因能授职，各取所长。"最后一一讲明了"股肱羽翼"所具有的职位，每个职位的功能，以及每个职位上应该有多少人。"股肱羽翼"各个职务都有自己不同的任务，缺一不可，都是君王不可缺少的干将。

【谈古论今】

命在通达，不守一术

做人一个很重要的原则就是，要灵活，懂得变通。如果做人墨守成规，只知道遵守着规矩办事，那一定不会做得非常好。

现代社会，做事经常就讲究一个创意，你能把事情做得好不是本事，能把事情做到出人意料才是能人。现在用人单位看的就是你做的事能不能让他们想不到，如果给你一个话题，你还没说人家就已经知道你想说什么了，那别人肯定不会觉得你有什么了不起的，也不会觉得你有多能干。但如果你的行为让大家出乎意料，没人想到你会这么做，那么你的第一步首先就成功了。大家可能都看过王珞丹主演的《杜拉拉升职记》电视剧版，里面的杜拉拉之所以能够获得在 DB 这个美国大公司的工作，基本上就是靠的她的创意，她的出其不意。在面试时，王伟就说了："你是第一个真正切蛋糕的人。"就是这个举动让她给 HR 们留下了深刻的印象。现在单位每天面试无数人，让人能对自己留下深刻印象才是真正的能人。所以做事一定要有创意，懂得变通。但也不能为追求创意而忘了守规矩，那就得不偿失了。

论将

【原文】

太公曰："所谓五材①者，勇、智、仁、信、忠也。勇则不可犯，智则不可乱，仁则爱人，信则不欺，忠则无二心。

【译文】

太公回答说："所谓将领应该具备的五种才能就是：勇敢、智慧、仁慈、诚信和忠实。为人勇敢就不会被他人侵犯，有智慧就不会被他人乱了心智，心怀仁慈就懂得爱护旁人，为人诚信就不会欺骗别人，做人忠实就不会存有二心。"

【原文】

"所谓十过②者：有勇而轻死者，有急而心速者，有贪而好利者，有仁而不忍人者，有智而心怯者，有信而喜信人者，有廉洁而不爱人者，有智而心缓者，有刚毅而自用③者，有懦而喜任④人者。

【译文】

"所谓将领应该避免的十种缺点就是：为人勇敢却轻易赴死，为人急躁而一心求速，为人贪婪喜好利益，心怀仁慈而不忍施以惩罚，有智慧却十分胆怯，诚信却喜欢轻易相信别人，做人廉洁却不懂得体恤别人，有智慧但下决定很慢，为人刚毅却刚愎自用，自己本身懦弱还喜欢依赖别人。"

【原文】

"勇而轻死者可暴也，急而心速者可久也，贪而好利者可遗也，仁而不忍人者可劳也，智而心怯者可窘也，信而喜信人者可诳也，廉洁而不爱人者可侮也，智而心缓者可袭也，刚毅而自用者可事也，懦而喜任人者可欺也。"

【译文】

"为人勇敢却轻易赴死的人，别人能够激怒他；为人急躁而一心求速的人，别人会拖着他让他垮掉；为人贪婪喜好利益的，别人会送他东西来贿赂他；心怀仁慈而不忍施以惩罚的，别人会劳烦他；有智慧却对事胆怯的，别人会使他窘迫；诚信却喜欢轻易相信别人的，别人会欺骗他；做人廉洁却不懂得体恤别人的，别人会侮辱他；有智慧但下决定很慢的，别人会袭击他；为人刚毅却刚愎自用的，别人会算计他，自己本身懦弱还喜欢依赖别人的，别人会欺负他。"

65

【原文】

"故兵者，国之大事，存亡之道，命在于将。将者，国之辅，先王之所重也。故置将不可不察也。故曰：兵不两胜，亦不两败。兵出逾境，期不十日，不有亡国，必有破军杀将。"

【译文】

"所以说战争，是国家的大事，是关乎一个国家存亡的重要事情，国家的命运就掌握在带兵的将领手里。作为将领的人，是国家的辅助者，为历代君王所重视。所以选用任命将领不能不认真考察。所以说：作战的对立双方不可能都取得胜利，同时也不可能都遭到失败。只要军队出了国境，用不了十天，如果不是有一方亡国了，那就必然是另一方军队破灭将领被杀了。"

【注释】

①材：才能，即指身为将领应该具备的品德。

②过，过错，缺点。

③自用：刚愎自用。

④任：此处意指依赖。

【解读】

本篇依旧以题目就道出了本篇主旨，即"论将"，顾名思义，也就是论述关于将领的道理。

作为将领的重要性是不容忽视的，他关乎一个国家的生死存亡。好的将领能带领一支军队所向披靡，即使率领的士兵比对方的少，只要将领运用策略得当，再加上适当利用对方的缺点，也可能获得胜利。

姜太公在本文中说到，选用将领要遵循"五材十过"，也就是说，将领要具备五种品质，同时要避免十种缺陷。这"五材"分别为"勇""智""仁""信""忠"，也就是"勇敢"、"智慧""仁慈""诚信"和"忠实"。不用解释我们都可以明白，这五种品质是很重要的，作为将领带兵作战，具备这五种品质就更为重要。另一方面，不能具有的十种缺点是"勇而轻死""急而心速""贪而好利""仁而不忍""智而心怯""信而喜信""廉而不爱人""智而心缓""刚而自用""懦而任人"。

如果选人时能做到遵循这"五材十过"，那么选出的将领一定是人上之人，带兵作战一定能所向披靡。

刚愎自用

刚愎自用这个成语在日常生活中用得不是很多，因为这个成语中所用的字有些生僻，而且更重要的是大多数人都不太了解这个词汇的意思。刚愎自用的大致意思就是一个人自以为自己很伟大，看不起其他人，其实差不多就是骄傲自大的意思。愎，意思为任性，刚愎的意思是强硬固执；自用，即为自以为是。刚愎自用指十分固执自信，不考虑别人的意见。

刚愎自用这个成语典出《左传·宣公十二年》，是其中伍参劝说楚庄王的话："晋之从政者新，未能行令。其佐先縠刚愎不仁，未肯用命。"刚愎自用这个成语就是从这句话中演变来的。公元前597年，楚王向郑国发动大规模的进攻，楚庄王亲率大军围困郑国三个多月。郑国投降后，和楚国争雄的晋国才发来救兵。正准备返国的楚军在战与不战的问题上产生了分歧。楚庄王想退兵，他的爱臣伍参主战，令尹孙叔敖主和。在劝说时，伍参就说出了这样的话。

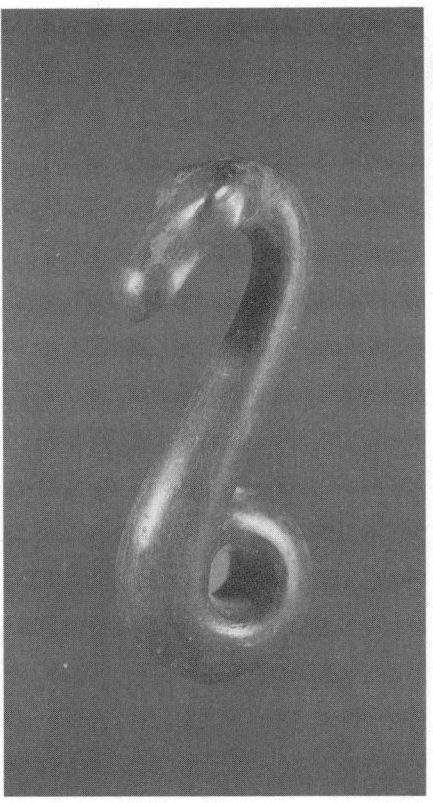

67

现在刚愎自用已经成为一个成语，用以形容人骄傲自大，不听取他人意见。这个成语在高考中也经常考到，所以已经逐渐深入人心。我们在生活中也应该避免骄傲自大，不要刚愎自用。

选将

【原文】

太公曰："夫士外貌不与中情相应者十五：有严而不肖者，有温良而为盗①者，有貌恭敬而心慢②者，有外廉谨而内无至诚者，有精精而无情者，有湛湛而无诚者，有好谋而无决者，有如果敢而不能者，有恈恈③而不信者，有恍恍惚惚而反忠实者，有诡激而有功效者，有外勇而内怯者，有肃肃而反易人者，有嗃嗃④而反静悫⑤者，有势虚形劣而外出无所不至无所不遂者。天下所贱，圣人所贵，凡人莫知，非有大明，不见其际，此士之外貌不与中情相应者也。"

【译文】

太公回答说："士兵的外表和他内心的情况不相对应的情形有十五种：有的外表看起来严明其实内心不肖，有的状似温和善良其实内心低贱，有的外面表现得很恭敬而内心傲慢，有的外表很廉洁谨慎但内心丝毫不真诚，有的看似精明而内里无真才实学，有的表面厚道而内心不诚实，有的看似足智多谋其实内心不决断，有的外表如同果断而实际什么也做不了，有的一副诚恳的样子而实无信用，有的表现得很模糊却反而很忠实，有的行事诡谲言语激进办事却有颇功效，有的外表勇敢其实内心怯懦，有的外表严肃却反而很平易近人，有的表现得很严酷而内心沉静谨慎，有的表现得很虚弱外表也很拙劣但受命外出却没有去不了的没有做不成的。被天下人普遍所唾弃的，却常常被圣人所看重，普通人是不会了解的，不是具有高超的见解，是无法了解其中的实际情况的，这就是士兵的外表和他内心的情况不相对应的情形。"

【原文】

太公曰："知之有八征：一曰问之以言以观其辞，二曰穷之以辞，以观其变，三曰与之间谋以观其诚，四曰明白显问以观其德，五曰使之以财以观其廉，六曰试之以色以观其贞，七曰告之以难以观其勇，八曰醉之以酒以观其态。八征皆备，则贤、不肖别矣。"

【译文】

太公说："想要了解他们,有八种方法：一是对他们提出问题,看他们如何解释回答；二是详细询问他们使他们语言穷极,以此来观察他们如何变通；三是离间他们,以此看他们是否忠诚；四是问他们已经知道的事情,借以考察他的品德；五是让他来帮助管理财物,来考察他是否廉洁；六是用女色对他进行试探,来看他是否忠贞；七是用危难之事来为难他们,来观察他们的勇气如何；八是让他喝醉酒,来观察他醉酒后的状态。这八种方法都用了之后,一个人是贤还是不肖就可以区别清楚了。"

【注释】

① 盗：指地位低贱的小人。
② 慢：傲慢，不敬。
③ 悾悾：诚恳的样子。
④ 嘻嘻：严酷的样子、
⑤ 静悫（jìng què）：沉静谨慎的样子。

【解读】

在上一篇中，周武王和姜太公讨论了关于将领的问题，这

一篇就详细阐述了选拔将领的方法，和选拔中应该注意的几个问题。由此我们可以看出，周武王与姜太公的对话是循序渐进的，一步步加深话题，逐渐讨论更深层次的军事理论、兵家思想。

首先周武王提出了"知士之高下，为之奈何"，也就是"士兵的外表和他内心的情况不相对应的情形有十五种"。我们可以看出，对于这个问题，姜太公的想法是"夫士外貌不与中情相应者十五"，也就是说他认为人们不都是言行一致、表里如一的，很多情况下都会有很多说一套做一套的人。接下来太公说明这十五种人都是什么样的人，可说是种类繁多。表里不一致的人很多，如果不能识别清楚，君王恐怕会用人不慎。

在明白了这十五种人都是什么样的人之后，如何辨别成为了一个严重的话题，姜太公自然在接下来也说明了。他认为辨别这些人有"八征"，即八种方法："言""辞""间谍""财""色""难""酒"。这些都是一些诱惑，常人很容易上钩。如果是表里不一的人，很容易就被试出来了。

如此，君王在选用将领时才能更加放心。

【谈古论今】

天下所贱，圣人所贵

自古以来，但凡仁人志士总有一些和他人不同的东西，但这种和他人不同却成为了他人攻击自己的目标。因为普通人总有一种"排除异己"的思想，对于陌生的东西所具有的第一反应不是积极去适应，而是本能地排斥，所以很多具有特殊才能的人都会被人所排斥。这正是"天下所贱"的原因。但圣人之所以为圣人，正是因为他有一些和别人不一样的东西，也能看到别人看不到的品质。圣人对于一些拥有和别人品质的人，不是自然地就排斥，而是积极去发现他身上这种品质能带来的东西，如果认为是一种优秀的品质或不可多得的才能，则会积极争取，希望能加以利用。这也就是周文王之所以能发现姜太公的原因。姜太公在江边钓鱼，凡人只会认为这是个钓者而不去关注，但周文王却能发现这个钓鱼的人不平凡与其搭话，进而将其带进宫拜师。周文王此举可看作圣人之举，正因为文王常有圣人之举，才能长久治理好自己的国家。

所以我们要明白，被人辱骂的不一定就是错的，我们要自己思考，作出属于自己的判断。

立将

【原文】

太公曰："凡国有难，君避正殿，召将而诏之曰：'社稷安危，一在将军。今某国不臣，愿将军帅师应之'。

【译文】

太公回答说："一旦国家遇到危难之事，君王就避开正殿，召见主将向他下达诏令说：'国家江山社稷的安危，全都决定于将军你的身上。现在某国不臣服要谋反，请将军率领军队前去讨伐。'"

【原文】

"将既受命，乃命太史卜，斋三日，至太庙，钻灵龟，卜吉日，以授斧钺①。君入庙门，西面而立，将入庙门，北面而立。君亲操钺持首，授将其柄，曰：'从此上至天者，将军制之。'复操斧持柄，授将其刃曰：'从此下至渊者，将军制之。见其虚则进，见其实则止，勿以三军为众而轻敌，勿以受命为重而必死，勿以身贵而贱人，勿以独见而违众，勿以辩说为必然。士未坐勿坐，士未食勿食，寒暑必同。如此，则士众必尽死力。'

将已受命，拜而报君曰：'臣闻国不可从外治，军不可从中御。二心不可以事君，疑志^②不可以应敌。臣既受命专斧钺之威，臣不敢生还。愿君亦垂一言之命于臣，君不许臣，臣不敢将。'

【译文】

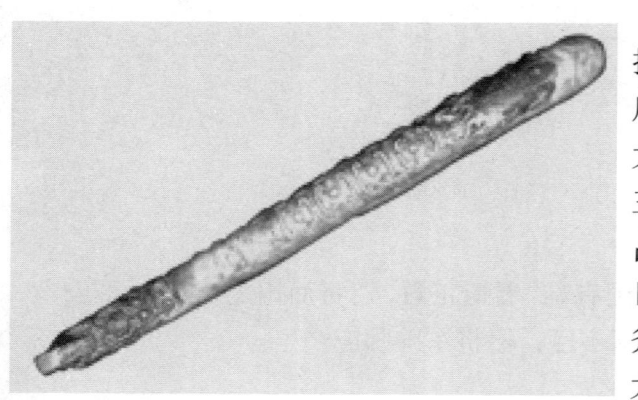

"主将已经接受了命令之后，君王就命令太史占卜，斋戒三天，前往太庙，占卜选择出吉日，给将领授予斧钺。君王进入太庙门，朝着西面站立，主将跟随着一起进入太庙门，朝着北面站立。君王亲自拿着钺的上部，把钺柄交给将领，说：'从此以后军中大到上至天者全由将军处置。'然后再拿着斧柄，将斧刃授予主将说：'从此以后军中下至于渊者全由将军规定。见到敌人虚弱就前进，见到敌人扎实就停止，不要因为我三军人数众多就轻敌，不要因为接受任命任务重大就一定要去赴死，不要因为身份尊贵就藐视他人，不要认为自己意见和他人不同就违背其他人的意思，不要认为和他人争辩是理所当然的。士兵没坐下你也不要先坐下；士兵还没吃饭你就不要先吃。冷暖都要和士兵一起忍受。这样的话，士兵一定会尽力作战。'将领已经接受命令后，叩拜君王说：'我听说国家大事不能从外部处理，军队作战不能由他人从中干预。臣子心怀二心就无法忠心侍奉君王，将领被君王搞得疑虑重重就无法专心致志去对付敌人。我既然已经受命执掌军事大权，不取胜不敢回来。请您允许我全权处理统帅一切，若您不允许，我不敢率领军队出征。'

【原文】

君许之，乃辞而行。军中之事，不闻君命，皆由将出，临敌决战，无有二心。若此，则无天于上，无地于下，无敌于前无君于后。是故智者为之谋，勇者为之斗，气厉青云，疾若驰骛③，兵不接刃，而敌降服。战胜于外，功立于内，吏迁士赏，百姓欢说，将无咎殃；是故风雨时节，五谷丰登，社稷安宁。"

【译文】

君王允许之后，将领就辞别君王率兵出征。从此军中一切事务，都不听从于君王的命令，而全部听命于主将。面对敌人作战，不能存有二心。这样一来，主将就能上不受天时限制，下不受地势控制，前无敌人来阻挡，后无君王从中掺和。这样智慧之人就能积极为其出谋划策，勇猛之士就都会愿意为其战斗，士气直逼青天云霄，行动疾速如骏马奔驰，战事顺利到未经交锋或激战就取得了胜利，敌人也臣服于我。在国外取得胜利，在国内立下大功，将吏得到升迁士兵获得奖赏，百姓欢欣鼓舞，将领没有过错。于是风调雨顺，五谷丰登，国家安宁。"

【注释】

① 斧钺：古代酷刑中的一种，意思是用斧钺劈开头颅，使人致死。另外，斧钺在上古时代还是用于作战的兵器，而且是军权和国家统治权的象征。

② 疑志：犹豫寡断，意志不坚定。

③ 驰骛：疾驰；奔腾。

【解读】

本文前篇"选将"，讲述如何选取将领，本文"立将"，讲述的是如何任命将领。本文同时也说明了任命将领的仪式和仪式上君王应该做的事、应该交待的问题。

首先在选好了要用的将领之后，君王应该"避正殿，召将而诏"，不能公开地吩咐将领，要稍微地避开众人来任命将领。这也是基于为将领考虑的目的。因为将领统帅的是关乎国家命运的军队，所以要授予完全的权力，"上至天者，下至渊者"都要"将军制之"。另外告诫将领一些应该注意的问题，"士未坐勿坐，士未食勿食，寒暑必同。"这样和士兵们同体一心，士兵们就会对将领十分爱戴，"如此则士众必尽死力。"

另一方面，君王如此要求将领，将领当然也有一些要求，其实主要就是要求自己能完全掌握权力，不由他人插手。君王答应了这个条件之后，将领就可以放心地带兵出征了。能做到这些就能"兵不接刃，而敌降服"，大获全胜了。

【谈古论今】

出军行师，将在自专。进退内御，则功难成。

带兵出征，对于将领来说最重要的就是拥有独立的指挥权，如果不管做什么君王都要横加阻扰，或者说每个决定都要君王同意过后才能施行尤其是当带兵在外，如果下达的命令还要经过远在京城的君王同意才能执行，那么作战进度就会无止境地拖后了。所以对于将领来说，有独立的权力，被赋予完全的指挥权是非常的重要的。如果不能自己决定军队动作，那么带兵就没有意义了。也就无法真正的获得成功。

所谓"出军行师，将在自专"说的正是这个道理。将领要有自主的决定权，对于前线的各种情况、战事自己做出决定，如此才能真正掌握大局，控制兵力，彻底打倒敌人。反之，如果不论下什么决定都要考虑自己君王的想法，那么最好的战机就会被贻误，造成严重的后果。

所以君王要想让将领获得成功，就要把独立的指挥权赋予将领，即使对将领的命令有异议，也暂且不要提出来。这样才

能让将领专心带兵，努力打个胜仗。

将威

|【原文】|

太公曰："将以诛大为威，以赏小为明，以罚审^①为禁止而令行。故杀一人而三军震者，杀之；赏一人而万人说者，赏之。杀贵大，赏贵小。杀及当路^②贵重之臣，是刑上极也；赏及牛竖，马洗、厮养之徒，是赏下通也。刑上极，赏下通，是将威之所行也。"

|【译文】|

大公答道："将领通过诛杀有权有势的人来树立威信，通过奖赏地位低下的人来表现自己的英明之处，严格审查惩罚奖赏制度，以此来做到有禁必止，有令必行。因此杀一人能使三军都感到震慑的，就杀掉他；奖赏一人会使万人都高兴的，就奖赏他。诛杀珍贵在诛杀有权有势的人，奖赏重在奖赏地位低下的人。能诛杀那些身份高贵身居要职的人，就说明刑罚能触及最上层；能奖赏牛童、马夫等地位低下的人，就说明奖赏能达到最下层。刑罚能触及最上层，奖赏达到最下层，这就是将领的威信得以推行的方法。"

|【注释】|

① 审：此处意为恰当、适当。
② 当路：指身居要职。

|【解读】|

选用了将领之后，又详细谨慎地对其任命，并告诫其带兵

要点之后，就是将领带兵出征了，而出征就是将领自己的问题了。带兵出征第一步就是将领要树立自己在军中的威信。否则即使有君王授予的权力，如果军队中士兵们不听从自己的，也很难带兵打仗。如果不懂得树立军威，对于不听从自己命令、不尊重自己的人只懂得一味惩罚，只会让将领的威信更加灭失。所以这一篇的要点就是如何树立军威。

姜太公上来第一句话就说明了树立军威要做的最主要的事：将以诛大为威，以赏小为明，以罚审为禁止而令行。也就是说，将领通过诛杀有权有势的人来树立威信，通过奖赏地位低下的人来表现自己的英明之处，严格审查惩罚奖赏制度，以此来做到有禁必止，有令必行。树立了威信，表现了自己的英明之处，下属们自然就会服从，也就能令必行、禁必止了。

【 谈古论今 】

刑上极，赏下通，是将威之所行也

作为将领，树立威信非常重要，那么如何树立威信呢？首先一个很重要的问题就是要做到一视同仁，不能对待自己的亲信就仁慈心软，对待和自己不合的人就心狠手辣。要做到不管对谁，都按规矩办事，做对了就奖赏，做错了就惩罚。这样才能树立威信。

对待地位尊贵的人，不能仁慈。在军队中，所有人都是主将的手下，都要听从主将的命令，如果不遵从命令，一味任意行事，就要惩罚。位高权重的人尤其容易触犯这一点。因为位高权重的人认为自己很了不起，所以不愿意服从别人。这种时候就是将领要施以惩罚的时候了，如果对待地位高的人就一味忍让，会让手下对将领产生蔑视心理。

所以，作为将领，一定要做到一视同仁。

励军

太公曰："将冬不服裘，夏不操①扇，雨不张盖，名曰礼将；将不身服礼，无以知士卒之寒暑。出隘塞，犯泥涂，将必先下步，名曰力将。将不身服力，无以知卒之劳苦。军皆定次，将乃就舍，炊者皆熟，将乃就食，军不举火，将亦不举，名曰止欲将。将不身服止欲，无以知士卒之饥饱。将与士卒共寒暑，劳苦，饥饱，故三军之众，闻鼓声则喜，闻金声②则怒。高城深池，矢石繁下，士争先登；白刃始合，士争先赴。士非好死而乐伤也，为其将知寒暑、饥饱之审，而见劳苦之明也。"

‖【译文】‖

太公回答说："身为将领，冬天不要穿裘皮衣，夏天不用扇子，雨天不用东西遮盖，这样的将领叫礼将；将领不和士兵穿同样的衣服，就无法体会士卒的冷暖。关隘地方的道路阻塞，遭遇的道路都十分泥泞，将领要先下车徒步前行，这样的将领叫力将；将领不身体力行就无从得知士卒的劳动辛苦；军队扎营已经都完成了，将领才进入自己的舍地，军队的饭菜都做好了，将领才开始吃饭。军队都没有生火，将领也不生火，这样的将领叫止

欲将；将领不能以身作则克制自己的欲望，就无法得知士卒的饥饱。将领和士卒共同体会冷暖，共同劳动分担痛苦、饥饱，那么三军的士兵众人们，听到进攻的鼓声就会感到欣喜，听到停止的锣鼓声就会愤怒。攻打高城深池时，箭矢石块频繁地落下，士卒也会争先恐后地向城内攀登；空手白刃刚一开始接触，士卒就会前仆后继地向上赶赴。士卒并不是天性喜欢死亡乐于受伤，而是因为将领关心自己的冷暖、饥饱之类的事，明察自己的劳动辛苦。"

【注释】

① 操：拿着。

② 金声：古时作战，收兵时要敲锣，士兵们听到锣鼓的声音就撤退。

【解读】

本篇题目《励军》，就是激励军队，鼓舞自己军队的军心士气。士气大振，作战自然会比较顺利。而要想军队的士气能高涨，这和将领的行为是息息相关的。将领做的让士兵感动，士兵们自然就会拼命，如果将领自己骄奢淫逸，而让士兵赴死，士兵们当然会不服，作战时也就不会认真了。

具体说来，将领应该做到的几点分别是："礼""力""止欲"。"礼"要求将领能"冬不服裘，夏不操扇，雨不张盖"，对待下属们的待遇和自己一样，不搞特殊。"力"要求将领们能做到身体力行，和士兵们一起做一些劳力。"止欲"就是字面意思，也就是要克制自己的欲望。士兵们没有的东西自己也不要奢求，要和士兵们一致。这样的话士兵们就能感觉到将领对自己的关心体恤，从而愿意为将领努力奋战。

【谈古论今】

一鼓作气，再而衰，三而竭

古时作战的号令通常以鼓声和锣鼓声来指示士兵们出战和收兵的时机。这个鼓声看似简单，只要出战时敲响就行了，但实际上却有很多的技巧，合理运用的话会对整体作战有严重的影响。

《左传》中有一篇《曹刿论战》，讲述的正是击鼓的学问。鲁国与齐国的战斗中，曹刿让齐国击鼓了三次才真正出兵，结果大获全胜。究其原因，曹刿说道："夫战，勇气也。一鼓作气，再而衰，三而竭。"意思就是，作战凭的是勇气，第一次击鼓士兵们鼓足了士气，第二次击鼓时期就衰退了一些，第三次击鼓士气就完全衰竭了。曹刿凭着击鼓中的学问使敌方的士兵们完全丧失了作战的士气，当然被鲁国的军队打得无法反击。

由此可见，士气对于军队作战是多么重要。高涨的士气能让军队实力大增，相反，如果士气低靡，那么军队即使原来有强大的实力，也会很难取胜。

79

阴符

【原文】

太公曰："主与将有阴符①凡八等：凡大胜克敌之符，长一尺；破军杀将之符，长九寸；降城得邑之符，长八寸；却敌报远之符，长七寸；警众坚守之符，长六寸；请粮益兵之符，长五寸。败军亡将之符，长四寸；失利亡士之符，长三寸。诸奉使行符，稽留②者，若符事泄，闻者告者，皆诛之。八符者，主将秘闻，所以阴通言语不泄，中外相知之术。敌虽圣智，莫之能识。"

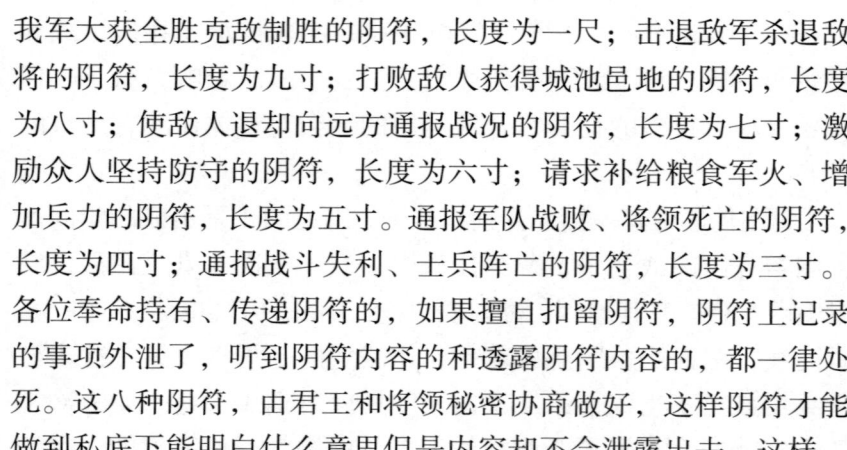
【译文】

太公答道:"君王授予将领阴符,阴符的种类一共分为八种:我军大获全胜克敌制胜的阴符,长度为一尺;击退敌军杀退敌将的阴符,长度为九寸;打败敌人获得城池邑地的阴符,长度为八寸;使敌人退却向远方通报战况的阴符,长度为七寸;激励众人坚持防守的阴符,长度为六寸;请求补给粮食军火、增加兵力的阴符,长度为五寸。通报军队战败、将领死亡的阴符,长度为四寸;通报战斗失利、士兵阵亡的阴符,长度为三寸。各位奉命持有、传递阴符的,如果擅自扣留阴符,阴符上记录的事项外泄了,听到阴符内容的和透露阴符内容的,都一律处死。这八种阴符,由君王和将领秘密协商做好,这样阴符才能做到私底下能明白什么意思但是内容却不会泄露出去。这样,虽然敌人十分圣明睿智,也没有办法明白上面所说的东西。"

80

【注释】

① 阴符:君主交给将帅的凭证。
② 稽留:停留;迁延。

【解读】

在本篇里,周武王询问姜太公的是关于传递消息的问题,在"三军卒有缓急"的为难情况之下,要如何才能"以近通远,从中应外"呢?姜太公的回答是依靠阴符,阴符对于我国古代的军事来说是必不可少的一样东西。

阴符是我国古代情报传递的重要技术手段。通过阴符的传递,国内就能得知战争的形势,将领们需要什么也可一并告知,由朝廷予以补给。

简单来说,阴符的作用是"引兵深入诸侯之地,三军卒有缓急,或利或害,吾将以近通远,从中应外,以给三军之用。"周武王问的这个问题中所涉及到的疑难都能通过使用阴符解决。

另一方面，阴符不是只有一种，在不同情况下要运用不同的阴符。正如周武王也提到了"或利或害"，军队报喜或报忧是不能运用相同的阴符的，否则会造成朝廷上下的混乱。

阴符基本上有八种，分别是：大胜克敌之符，破军杀将之符，降城得邑之符，却敌报远之符，警众坚守之符，请粮益兵之符，败军亡将之符，失利亡士之符。在不同情况下用不同阴符来通信。同时一定要确保阴符的隐秘，绝对不能泄露，对泄露者要严加惩罚，以此增加阴符的保密性。

【谈古论今】

信陵君窃符救赵

阴符是我国古代重要的通讯工具，同时也是如同军令一般的存在，有了阴符，就好似有一道隐秘的军令在手。所以持有阴符的人会十分小心地保管阴符，同时不到万不得已，不会拿出阴符，更不会轻易交与他人。

在我国历史上就有一个窃符的例子，但并不是阴险小人所为，而是大名鼎鼎的信陵君，为了拯救国家而作出的壮举。

信陵君窃符救赵典出《史记·魏公子列传》，里面对信陵君窃符救赵的始末进行了详细的解说。信陵君窃符救赵这件事发生在公元前258年。当时正值战国末期，秦国开始吞并六国。公元前260年，在长平之战中，秦国大破赵军，又乘胜进围赵国首都邯郸，企图一举灭赵，再进一步吞并燕、韩、魏、齐、楚等国，完成统一中原的计划。魏国是赵国的邻国，与赵国可谓唇亡齿寒。但因为受到秦国的威胁，不敢出兵相救赵国。信陵君心中明白赵国存亡与否对魏国也十分重要，所以顾全大局，为了魏国日后能够能得以生存，求助于魏王的宠妃如姬，让如姬从魏王的寝室偷出了虎符，率领军队协助赵国击退了秦国。

魏国也因此得到保全。

阴书①

【原文】

太公曰："诸有阴事大虑②，当用书，不用符，主以书遗将，将以书问主，书皆一合而再离，三发而一知。再离者，分书为三部；三发而一知者，言三人，人操一分，相参而不知情也。此谓阴书。敌虽圣智，莫知能识。"

【译文】

太公回答说："各种秘密的事和重大的决定，都应当用阴书，而是不用阴符。君王用阴书发给将领传达命令，将领用阴书向君王回复请示问题，这些阴书都是一合而再离，三发而一知。所谓再离的意思，就是把一个阴书分为三个部分；所谓三发而一知的意思，就是派三个人送信，每人只拿

着其中的一个部分，相互参差却不知道阴书的内容。这就叫阴书。敌人虽然圣明睿智，也无法明白阴书里写的是什么。"

【注释】

① 阴书：中国古代情报传递的重要技术手段。
② 大虑：深思远虑；需要反复考虑的重大问题；远大的谋略。

上一篇讲述的是"阴符"，这一篇则是"阴书"，那么"阴符"和"阴书"，这二者都是古时用来传递情报的手段，又有什么不同呢？

首先我们可以从周武王的问题入手，周武王问的是"其事烦多，符不能明，相去辽远，言语不通，为之奈何"。我们可以看出，阴符中能记载的问题不是很多，所以用阴符说不明白，周武王才在烦恼该用什么其他的东西来传递，但同时又得足够保密。这就是此二者的一个区别："阴书"比"阴符"能记载更多内容。所以在需要说明一些比较重要的或者比较繁琐的问题时，就更需要用到阴书。

而阴书的作用是"主以书遗将，将以书问主"，我们能看出，阴书适合这样一来一去的情报传递。

所以说，阴符基本只是用来通报，而阴书是用来传递。如果有需要详细说明的事情，当然还是使用阴书更为好。

【谈古论今】

要想人不知，除非己莫为

在这个世界上，没有什么人是无所不知的，不管再睿智再圣明的人，总是有一些不知道的事情。这是相对于人来讲的。如果相对于事来说可能就不是这么回事了。很多人做了事之后自以为没人知道所以就天灵灵地灵灵了，其实事情只要你做出来了，总会有证据留下，总会被人发现的。

在本篇里，姜太公说道："敌虽圣智，莫之能识。"说的是因为阴书隐秘性很强，又各方都保密，所以敌人不会有破解的方法才不得而知。其实如果谈到阴书的破解方法，在古代可能在阴书刚兴起时还无人知道，但时间一长，各国的能人何其繁多，总会有人知道如何了解阴书内容的，什么样的保密措施都掩盖不了已经发生的事。

所以如果不想让人知道自己的秘密，还是干脆就不要做为好。不然就不要抱有投机取巧的心态，因为但凡做了的事情，是一定会有人能知道的。

军势

【原文】

太公曰："资因敌家之动，变生于两阵之间，奇正发于无穷之源。故至事不语，用兵不言。且事之至者，其言不足听也；兵之用者，其状不足见也。倏而往①，忽而来，能独专而不制者，兵也。

84

【译文】

太公回答说："作战的形势要根据敌人的行动而变动，两方对阵之间会产生很多变化，新奇正当的作战策略源于将领无尽的思考。所以，最重要的事情不能说出来，用兵的方法不能和别人说。况且最机密重要的事情说出来也无法真正听明白；用兵的方法绝对不能暴露出来。忽然去了，又忽然前来，能独立专一地完成又不受制于人，这就是用兵的原则。

【原文】

夫兵闻则议，见则图，知则困，辨则危。故善战者，不待张军；善除患者，理于未生；善胜敌者，胜于无形；上战无与战。故争胜于白刃之前者，非良将也；设备于已失之后者，非上圣也；智与众同，非国师也；技与众同，非国工也。事莫大于必克，用莫大于玄默②，动莫神于不意，谋莫善于不识。夫先胜者，先见弱于敌，而后战者也，故事半而功倍焉。

【译文】

敌人听说我方动态就会商议应对之策；敌人发现我军行动，就会图谋对付我国；敌人知道了我国的意图，我军就会陷入困境；敌人辨别清楚我军，我军就会有危险了。所以善于作战的，不会等待开始出兵讨伐之后；善于消除隐患的，在隐患未发生的时候就会处理掉了；善于在战斗中胜利的，能够取胜于无形之中。最高超的作战技巧就是不和对方战斗却能取胜。因此，经过白刃相接拼死作战继而取得胜利的，不是良将；在失败之后再设置装备的，不是最具圣明的人；智慧和普通人相同的，不能称为国师；技术与普通人相同的，不能称为国工。带兵之事最重要的就在于能克敌制胜，用兵最重要的就在于保持秘密玄妙，行动最重要的就在于出其不意，计谋最重要的就是不被人所知。那些不战而胜的，都是先在敌人面前示弱，然后再与敌人进行战斗，因此便可事半功倍。

【原文】

圣人征③于天地之动，孰知其纪。循阴阳之道而从其候；当天地盈缩因以为常；物有死生，因天地之形。故曰：未见形而战，虽众必败。善战者，居之不挠，见胜则起，不胜则止。故曰：无恐惧，无犹豫。用兵之害，犹豫最大；三军之灾，莫过狐疑。善者见利不失，遇时不疑，失利后时，反受其殃。故智者从之而不释，巧者一决而不犹豫，是以疾雷不及掩耳，迅电不及瞑目，赴之若惊，用之若狂，当之者破，近之者亡，孰能御之？

【译文】

圣人通过观察天地之间的变动，就能得知其中的规律。根据阴阳运行的规律遵循变化的气候；

天地扩张缩小都是寻常之事；万物有生死，都是靠着天地变化。所以说，没有识别清战争的形势就作战，即使军队士兵人数众多也一定会失败。善于带兵作战的人，在那里待着不会被别的东西所阻挠，看到有胜利的机会就奋起进攻，没有办法获胜就停止。所以说，不要恐惧，不要犹豫。对用兵有害的地方，最大的是犹豫；对军队最大的灾祸，没有比狐疑更厉害的了。善于打仗的人看到有利的情势决不会失去错过，遇到良好的时机决不迟疑，如果失掉有力的时机那么就会处于下风，反而会遭受到灾难。所以，有智慧的人会抓住时机不让它错过，手段巧妙的人一下子决定就不会犹豫，因此才能如同疾速的雷声一样使人来不及掩耳，像迅猛的闪电使人来不及闭眼，奔赴过去有如惊马奔驰，用兵作战好似狂风扫过，阻挡它的东西就被击破，靠近它的东西就都归于灭亡，这样的军队谁还能抵御他呢？

【原文】

夫将有所不言而守者，神也；有所不见而视者，明也。故知神明之道者，野无衡敌，对无立国。"

【译文】

将领能什么都不说地保守着用兵计策，这就是神；情况还有不明了的地方但已经能洞察的，就叫做明。所以，掌握了神明的道理的人，纵横朝野就没有能与他抗衡的敌手，没有能和他作对的国家了。"

【注释】

① 倏：极快地，忽然。
② 玄默：沉静不语；清静无为。此处意指保守秘密。

③征：表露出来的迹象，此处作动词意为观察。

【解读】

本篇依旧以问题开头。周武王首先提出问题"攻伐之道奈何"，一上来就点明了本文主题，也就是"攻伐之道"。所谓"攻伐之道"，也就是攻击讨伐敌人的方法。本篇论述的就是身为将领指挥作战的原则和方法。

首先应该注意的是"势因于敌家之动，变生于两陈之间，奇正发于无穷之源"，注意作战时的各个方面，然后要做到"至事不语，用兵不言"，对一些重要的事情绝对不能轻易告诉他人，或者根本就不要告诉别人。接着说明了最高超的作战是不去作战："上战，无与战"，因为最擅长作战的人是不用作战就能取得胜利的："善胜敌者，胜于无形"。

【谈古论今】

迅雷不及掩耳之势

日常生活中，我们形容一个人做事很快时，通常会用到"迅雷不及掩耳之势"，表达这个人动作好像打雷一样，一下子就完了，让人都还没有反应，以此说明他的快。这个俗语正是出自于此。所以我们就能看到，其实原文并不是"迅雷不及掩耳之势"，而是"疾雷不及掩耳，迅电不及瞑目"，原文作为古文，将"雷电"拆开来分别作比较。这是古文中一个很常用的手段。而在现代汉语中，我们就将其合并成为一个，也就有了现在的"迅雷不及掩耳之势"。

需要注意的是，现在很多人在用这个成语的时候经常会说"迅雷不及掩耳盗铃之势"，这个成语就让人匪夷所思了。要知道，"掩耳盗铃"和"迅雷不及掩耳之势"可是完全不同意思的两个词。掩耳盗铃的是比喻自欺欺人，意思大相径庭。所以在使用的时候一定要分开使用，不要混淆，否则会造成笑话。

奇兵

 【原文】

太公曰："古之善战者，非能战于天上，非能战于地下，其成与败，皆由神势，得之者昌，失之者亡。

【译文】

太公回答说："自古以来善于用兵的人，并不是在天上所向披靡，也不是在地下无人能敌，他成功失败与否，全都仰仗于能否取得神乎其神的形势，能得到这种形势的人就能胜利昌盛，失去这种形势的人就失败。

【原文】

故曰：不知战攻之策，不可以语敌；不能分移，不可以语奇；不能治乱，不可以为语变。

【译文】

所以说，不懂得战争进攻的策略，就不能说对敌的事；不会灵活使用兵力，就谈不上出奇制胜；不能治理好军队里的混乱，就谈不上随机应变。

 【原文】

故曰：将不仁，则三军不亲；将不勇，则三军不锐[①]；将不智，则三军大疑；将不明，则三军大倾；将不精微，则三军失其机；将不常戒，则三军失其备；将不强力，则三军失其职。故将者，人之司命，三军与之俱治，与之俱乱。得贤将者，兵强国昌；不得贤将者，兵弱国亡。"

【译文】

所以说，将领为人不仁慈，军队就不会亲近他；将领本人不勇敢，军队就不会很优秀；将领没有智谋，军队就会对他产生疑问；将领不圣明，军队就会遭到惨败；将领考虑问题不细致，军队就会错失良机；将领不时常戒备着，军队就会疏于戒备；将领率领军队不强硬有力，士兵们就会玩忽职守。所以说将领掌握着军队的命运，军队和将领是一起的，将领为人有能力则军队也整齐划一，将领本人无能那么军队就和他一样混乱。得到了贤明能干的将领，军队就会强大国家就会昌盛；得不到贤明精干的将领，军队就会很弱小国家也会灭亡。"

【注释】

① 锐：精良

【解读】

本篇题目《奇兵》，讲述的是用兵之道，主要是如何出其不意发起进攻的问题，出其不意决定了战争的胜与败。姜太公一上来就说明了作战成功靠的是什么，也即是"其成与败，皆由神势"，所以说作战胜利靠的就是"神势"。现在我们看来可能会觉得这个说法很荒谬，但在古代却是理所当然的。

太公在后面继续说明了"神势"的重要性，之后又说明"不知战攻之策，不可以语敌；不能分移，不可以语奇；不通治乱，不可以语变。"这一句话总结了为人将领知晓"战攻之策"的重要性。

【谈古论今】

得贤将者，兵强国昌，不得贤将者，兵弱国亡。

古来带兵作战，考的都是指挥，也就是将领。不论君王怎

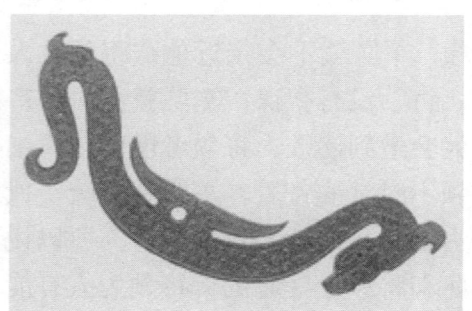

么能干，将领一旦带兵出征，君王也就没什么大的作用了。所以说对于古代的国家来说，打仗时将领可能比君王更重要。

好的将领能成功指挥一场战争，这听来简单，其实并不容易。很多将领只懂得纸上谈兵，真正带兵上战场却是毫无头绪，这种时候就需要经验丰富的将领来指挥了。好的将领不只能在有利于自己的情况下获胜，甚至也可以在不利的情况下反败为胜。如果在重要的战争中获胜，那就相当于救了一个国家。

所以说，一个国家如果能有一个贤明的将领，军队就会很强大，军队强大了他国就不敢轻易来袭，国家也就能昌盛了。如果没有好的将领，军队是无论如何也无法强大的，那么国家安危也很让人担心了。

五音

【原文】

太公曰："敌人惊动则听之，闻枹鼓①之音者，角也；见火光者，徵也；闻金铁矛戟之音者，商也；闻人啸呼②之音者，羽也；寂寞无闻者，宫也。此五者，声色之符也。"

【译文】

太公回答说："当敌人被惊动时就仔细地去听，听到敲鼓的声音是角声；见到火光是徵声；听到金铁矛戟的声音，是商声；听到有人的呼喊声，是羽声的反应；寂静无声的，是宫声。这五种音律与外界的各种动静互相符合的。"

【注释】

① 桴鼓：用鼓槌击鼓。
② 啸呼：大声呼喊的样子。

【解读】

在本篇中，周武王提出了利用音律来获知敌人消息的方法。姜太公在最开始听到这个问题时也被问住了，不过后来当然也作了解答。

91

作战时，不仅能从敌人的言行举止来判断敌人的思想行为，也可以从声音中来进行判断。律管的声音是有一定规律的，不会轻易被变动，所以依靠着这不变来推断出敌人的"变"。姜太公叙述了敌人不同行动时会发出的不同声音。只要掌握了这些声音，就可以通过音律来判断敌人行动了。

兵征

【原文】

太公曰："胜负之征，精神先见，明将察①之，其效在人。谨候敌人出入进退，察其动静，言语妖祥，士卒所告。凡三军说怿②，士卒畏法，敬其将命，相喜以破敌，相陈以勇猛，相贤以威武，此强征也。三军数惊，士卒不齐，相恐以敌强，相

语以不利，耳目相属，妖言不止，众口相惑，不畏法令，不重其将，此弱征也。"

【译文】

太公回答说："胜败的征兆，首先会在敌人的精神上体现出来。精明的将领能够察觉出来，但使用它的效果就在于将领个人了。谨慎地等候侦察敌人出入进退的情况，观察他们的动静，言语中所说的好事坏事和士兵们互相告知的事情。凡是全军上下十分喜悦，士兵畏惧法令，尊敬将领的命令，以击破敌人为喜事，以勇敢迅猛为炫耀，以威武为好事，这就是军队战斗力强大的征兆；如果全军上下数次惊慌，士兵散乱，相互之间因为敌人强大而害怕，相互散播作战不利的消息，人人互相传播谣言，无法禁止，互相欺骗恐吓，不畏惧法令，不尊重将领，这就是军队战斗力虚弱的征兆。"

92

【注释】

① 察：觉察，发现。
② 说怿：喜悦，高兴。

【解读】

本篇《兵征》，讨论的就是士兵、军队中会显现出来的征兆。这些征兆会使敌人明白自己军中很多事情，当然相对的，通过对方军队中显现出来的征兆，我方也能明白对方军中现在的状况。

开头姜太公首先提出"胜败之征。精神先见"，可见不论什么征兆，都会在士兵的精神中体现出来。通过观察士兵们的精神状况也可以了解到现在军中的大致情况。由此也可见安抚军心的重要性。

之后姜太公向周武王讲述了应该如何观察士兵们精神状况的方法，以及各种精神状况都是代表了什么意思。

谈古论今

胜负之征，精神先见

人的精神总是很脆弱的，能懂得掩饰自己的情绪并不是一件容易的事情。所以他人很容易从自己表现出的情绪中看出自己现在的心情。带兵作战也是一样。不论士兵们有什么想法，都会先在精神上体现出来。即使一个人有能力掩饰自己的心情，不把情绪表现出来，军队中也不可能所有人都有这个能力。所以通过观察对方的士兵们的精神状况就能看出对方现在战争形势好与坏。

在很多战争中，为了不让士兵们军心动摇，将领即使受伤也经常会隐瞒伤情，为的就是让士兵们放心，士兵们不表现出恐惧，对方也就无从得知将领受伤的事实，也就是给对方的一个下马威了。

93

农器

原文

"故用兵之具，尽在于人事也。善为国者，取于人事。故必使遂①其六畜，辟②其田野，安其处所。丈夫治田有亩数，妇人织有尺度，是富国强兵之道也。"

译文

"所以说，作战的器具全都是在于平时的日常生活之中。善于治理国家的人，都从日常生活中选取。所以一定要让人民

致力于畜牧，开垦田地，安定住所。男子种田能达到一定亩数，妇女纺织能达到一定尺度。这就是富国强兵的方法。"

【注释】

① 遂：成功，实现。
② 辟：开辟。

【解读】

对于作战，兵器是很重要的。于是周武王在这一篇中提出问题"天下安定，国家无事，战攻之具可无修乎？守御之备可无设乎？"他有了疑问：如果没有战争，国家安定了，那么武器还要不要修缮？那些防御的设备还要不要设立呢？

其实这是一个很实用的问题。很多人都认为目前不需要的东西就不需要去动它。但姜太公给出了不一样的答案，他认为像武器这种作战时使用的东西也都蕴含在日常生活中，所以要关注日常生活，注重农耕、生产，这样作战时武器自然就有了，也不用事先费心去修缮了。

【谈古论今】

战攻守御之具尽在于人事

战争用具外表看似和我们日常生活没什么关系，但通过姜太公的说明我们可以看出，即使是暴力的武器，也能在日常生活中寻找到。

耕作用的耒耜，可用作拒马、蒺藜等障碍器材；马车和牛车，可用作营垒和蔽橹等屏障器材；锄耰等农具，可用作战斗的矛戟；蓑衣、雨伞和斗笠，可用作战斗的盔甲和盾牌；钁锸斧锯杵臼，可用作攻城器械。这些平时不怎么起眼的，或者说随处可见且经常使用的东西，竟然在战场上能发挥如此大的功效。

这要是很多人都想不到的。

所以说，不要看不起一些日常生活中不起眼的东西，因为它也可能在大事上派上用场。即使不是大事，也总能派上用场。所以我们在日常生活中要留心，善于去发现事物不同的一面，那样不仅能给自己带来很多乐趣，更能在危急时刻让自己方便不少。

卷四 虎韬

三阵

|【原文】|

太公曰："日月、星辰、斗杓①，一左一右，一向一背，此谓天阵。丘陵水泉，亦有前后左右之利，此谓地阵。用车用马，用文用武，此谓人阵。"

|【译文】|

太公回答说："日月、星辰、北斗星，在我一前一后一左一右的具体位置来布阵，就是所谓的天阵；利用丘陵水流泉眼等，也有前后左右的地形条件来布阵，就是所谓的地阵；根据所使用的战车、骏马，文人武将等不同因素布阵，就是所谓的人阵。"

|【注释】|

① 斗杓：即北斗星，指在北天有排列成斗（杓）形的七颗亮星，形似斗勺，易于辨认，故有此名。

【解读】

本篇介绍的是带兵作战时的排兵布阵。阵法的玄妙厉害可能很多人都有所耳闻。在这里姜太公主要介绍了三种阵型：天阵、地阵、人阵。这三种阵型各是利用不同的因素组成的，所具有的功能肯定也不尽相同。不过在这一篇里姜太公只讲了布阵原则，暂时并未提到阵法的功用。

所为天阵就是根据各种天象条件，比如北斗星和各种其他星星来布阵；地阵则是利用各种地势条件来布阵，丘陵山岭都可以成为布阵的元素。人阵则是根据军队中的武器装备和实际情况来排列的。

掌握了阵型的排列，军队中的士兵们就可以起到事半功倍的作用。

【谈古论今】

天时地利人和

带兵作战时，如果能排好良好的阵型，对作战会十分有利。但除了阵型，其他很多要素也有重要的作用。其实总结起来最重要的是三个要素：天、地、人。

这个词语典故出自《孟子·公孙丑下》，是其中孟子说的话。孟子是这么说的："天时不如地利，地利不如人和。"可见这三个条件是循序渐进的。诚然。上天创造了良好的条件，让军队能顺利出征，这是很重要的因素。有了天时，天气的帮助能使军

队行进更为顺利。但比较之下，天时又不如地利了。孟子说：三里之城，七里之郭，环而攻之而不胜。夫环而攻之，必有得天时者矣；然而不胜者，是天时不如地利也。天时具备了，可是因为对方处于险要之处，无法攻下，这就是对方占据了地利。这种情况下，即使具备了天时也难以取胜。

这三者比较之下，最重要的当然还是"人和"。书中说：城非不高也，池非不深也，兵革非不坚利也，米粟非不多也，委而去之，是地利不如人和也。无法让人民服从于自己，那么不管多么好的形势也是如过眼云烟，抓不住的。由此孟子发出感慨：域民不以封疆之界，固国不以山溪之险，威天下不以兵革之利。得道者多助，失道者寡助；寡助之至，亲戚畔之；多助之至，天下顺之。以天下之所顺，攻亲戚之所畔，故君子有不战，战必胜矣。能得到天下人的信任，才是取胜的真正方法。

疾战

【原文】

太公曰："此天下之困兵也。暴①用之则胜，徐②用之则败。如此者，为四武冲陈，以武车骁骑，惊乱其军，而疾击之，可以横行。"

【译文】

太公回答说："这是天下处于最困境中的军队。在这种时候，迅速出击就能取得胜利，缓慢行动就会造成失败。在这种情况下，要使用武力强大的战车和骁勇的骑兵，来惊扰打乱敌军，然后迅速发起攻击，这样就能得以横行无阻地突破出去了。"

【原文】

太公曰："左军疾左，右军疾右，无与敌人争道。中军迭前迭后，敌人员众，其将可走。"

【译文】

太公答道："我军应该用左路人马迅速向敌人左边进攻，让右路人马迅速向敌人右边发起攻击，不要和敌人争夺道路，中间的军队要忽前忽后地发起进攻。即使敌军人数众多，也能把他们将领打跑。"

【注释】

① 暴：强大而突然来的，又猛又急的。
② 徐：缓缓地，慢慢地。

99

【解读】

这次周武王询问的是一个很棘手的问题："敌人围我，断我前后，绝我粮道，为之奈何？"在被敌人包围又被敌人切断一切和外界联系，同时连粮草也被切断供应时，应该怎么办呢？听到这个问题连姜太公都感叹说："此天下之困兵也。"对于这种情况下保卫自己的军队，就是要打快速战，也就是这次文章的题目"疾战"，通过快速迅猛地出击攻敌人一个措手不及，以图能突出重围，杀出一条血路。

姜太公给出的说法是："暴用之则胜，徐用之则败。"所以在对付这种情况时，绝对不能犹豫，犹豫的一刻可能就让生存的希望丧失了一分。所以一定要快速出击，"以武车骁骑惊乱其军而疾击之"，要的就是攻其不备。趁着敌人一时疏忽，才有可能突出重围，重见天日。否则，面对四面楚歌的情况，如果不迅速出击，让敌人有了防备，基本上就不可能突围了。

【谈古论今】

攻其不备出其不意

本文中叙述的破敌制胜的关键就在于一个字：快。趁着敌人没反应过来的时候打敌人一个措手不及。这种情况用一句话来形容，就是："攻其不备，出其不意。"这句话原指出兵攻击对方不防备的地方，后亦指行动出乎人的意料，用来形容本文情况非常合适。

西元一九六年，孙策派水军攻打钱塘江南岸的固陵，屡攻不下。他的部下孙静向他献计："王朗在固陵防守很坚固，不宜正面死攻。离这里几十里的查渎有条路，可以迂回包抄固陵。你给我一支军队，我从查渎那边围攻，给他来个'攻其无备，出其不意'，肯定能取胜！"这句话就是这么来的。当时的孙策一听有理，就派兵给他，依计而行。同时，下令军队弄来数百个大缸，盛满水，给人以准备长期作战的感觉。到了夜晚，还命令军队多点灯让敌方以为孙策的主力还在原地。当孙静的部队突然出现在固陵附近的高迁屯时，王朗大吃一惊，赶忙派周昕率队迎战。然而周昕不是孙策的对手，很快战败。周昕一死，不久，固陵也就陷落，会稽一带便被孙策占领了。在对方毫无心理、物质种种的准备状态下，给予迅速的攻击，为战略的一种。生活中唯有时时刻刻保有高度的警觉心，才能面对突发的事故。

必出

【原文】

太公曰："必出之道，器械为宝，勇斗为首。审知敌人空虚之地，无人之处，可以必出。将士人持玄①旗，操器械，设衔枚，夜出，勇力、飞足、冒将之士居前平垒，为军开道；材士强弩，

为伏兵居后；弱卒车骑居中。陈毕徐行，慎无惊骇。以武冲扶胥前后拒守，武翼大橹以蔽左右。敌人若惊，勇力冒将之士疾击而前，弱卒车骑以属其后，材士强弩隐伏而处。审候敌人追我，伏兵疾击其后，多其火鼓，若从地出，若从天下，三军勇斗，莫我能御。"

【译文】

太公回答说："突出敌人包围的方法，兵器非常重要，而奋勇战斗则最为首要。仔细查明敌人哪里兵力薄弱，哪里无人防守，乘虚而入，瞅准漏洞进攻就可以突出包围。将士们都拿着黑色的旗帜，手里拿着器械，嘴里叼着草棍，乘着黑夜行动。让勇敢强力、行动敏捷、敢于冒险犯难的将士先行出击，攻占敌人一些营垒，为我大军打开通道；一些有才能而勇敢的武士拿着强弩，作为伏兵，隐匿在后面作为大部队的掩护；让老弱士卒和车骑在中间前进。部署完毕后就慢慢前进，要谨慎从事不要让对方察觉，使用武冲扶胥的在前后护卫，装备武翼大橹的战车在左右掩护。如果惊吓到敌人让敌人发现我军的行动，

101

勇敢强力的先头士兵就迅速发起冲击，向前前进，老弱士卒和车骑紧跟着前进，有才能而勇敢的武士拿着强弩隐蔽地埋伏在某些地方。等到敌人前来追击我军时，伏兵就迅速地攻击它的后面，并多多使用火光、鼓声胡乱放出，让他们感到我军仿佛是从地下天上冒出、落下的，全军勇猛战斗，敌人就无法阻止我军的突围了。"

【原文】

太公曰："大水、广堑^②、深坑，敌人所不守，或能守之，其卒必寡。若此者，以飞江，转关与天潢以济吾军。勇力材士从我所指，冲敌绝陈皆致其死。先燔吾辎重，烧我粮食，明告吏士，勇斗则生，不勇则死。已出，令我踵军^③设云火远候，必依草木、丘墓、险阻，敌人车骑，必不敢远追长驱。因以火为记，先出者令至火而止，为四武冲阵。如此，则吾三军皆精锐勇斗，莫我能止。"

【译文】

太公答道："凡是大河、宽广的沟堑、深沟之类的地方，敌人没有防守的这些地方，即使有所防守，兵力也一定不会很多。这样的话，就可以用飞江、转关和天潢来把我军运送过去。派遣勇敢的武士按照我指定的方向，冲锋陷阵，把敌人的阵型破坏掉，先焚毁我军的辎重，烧掉我军的粮草，明确告诉全军将士，奋勇作战就能生存，不勇敢战斗就是死亡。已经脱离危险之后，就让我方后续部队设置烟火信号作为警戒，占领丛林、山丘和险要地形。这样，敌人的战车和骑兵就必定不敢长驱远追了。设置烟火信号的目的，就是为了指示先行突围的部队到有火的地方就停下集结，并布成四武冲阵阵型，这样，我全军将士都精锐勇猛善于作战，就没有敌人能阻挡我军了。"

【注释】

① 玄：黑色。
② 堑：防御用的壕沟；陷坑。
③ 踵军：后续部队

【解读】

在上一篇说的是被层层包围时应该迅速出击，攻其不备出其不意，打敌人个措手不及，这一篇说明的就是突围的具体办法了。姜太公对于具体方法说明得十分细致，可见这个方法的重要。如果军队真的处于被层层包围又和外界彻底断了联系，同时又被切断粮草供应叫天天不应叫地地不灵的时节，那么掌握如何突围就是关乎一个国家生死存亡的重要问题了。

首先"审知敌人空虚之地，无人之处，可以必出。"，就是说挑选敌人疏于防范的地方下手。这一点是当然的，如果突破之处敌人兵力强盛，被包围的军队想必再勇猛也只是送死，无法突围成功。所以一定要谨慎选择突围地点，这是突围能否成功的关键第一步。

接着军队中各种不同的人都各有分工，"勇力、飞足、冒将之士居前"，"材士强弩为伏兵居后"，"弱卒车骑居中"。这三种分工明确，在突围中扮演角色不同位置也就不同。

设置好角色后就可以突围了，各人要牢记自己的使命，决不能一意孤行，这样才能完满完成突围任务。基本上所有大部队都突围后，突围行动就算是成功了。突围成功后，所有人就聚集在之前发出的烟火信号处，并组成四武冲阵阵型，防止敌军来袭。突围行动讲求时机和合作，只有二者兼备才能顺利突围。

【谈古论今】

精诚所至，金石为开

突围行动需要整个军队的力量拧成一股劲儿，并且都往一处使。大家同心协力，有耐心地进行策划和协商，商量出最佳方案再进一步实行，不管是突围还是别的什么，相信都能取得成功。

"精诚所至，金石为开"这句话就是形容只要专心致志，肯下苦工夫，就能达到目的。为人做事时，讲求的就是专心，有毅力。只要专心，任何难题都能想出解决办法；只要有毅力，任何事都能做成。

我们平时在做事时总会因为各种各样的原因而放弃。就比如学习这件事，说来简单又不简单。简单是因为，学习只是要你坐在那里专心一致地读书。但难就难在这个"专心"上，学习是好事，却不是易事，世上诱惑太多，很难专心于学习。这个时候又需要毅力了，要有坚持下去的毅力，才能最终达到成功。

所以在做事时，我们可以想着，精诚所至，金石为开。只要认真做，事情总是能做成的。

军略

【原文】

太公曰："凡师师将众，虑不先设，器械不备，教不素信，士卒不习，若此，不可以为王者之兵也。凡三军有大事，莫不习用器械。攻城围邑，则有轒辒①、临冲②；视城中，则有云梯、飞楼；三军行止，则有武冲、大橹，前后拒守；绝道遮街，则有材士强弩，卫其两旁；设营垒，则有天罗、武落、行马、蒺藜；昼则登云梯远望，立五色旌旗；夜则设云火万炬，击雷鼓，振鼙③铎，吹鸣笳；越沟堑，则有飞桥、转关、辘轳，鉏铻；济大水，则有天潢、飞江；逆波上流，则有浮海、绝江。三军用备，主将何忧？"

【译文】

太公回答说："但凡率领军队作战，如果不事先拟定计划，不事先准备好器械，平时的训练没有真正落实，士兵们技术不够熟练，就不能称之为王者的军队。但凡军队有大的军事行动，没有不认真训练士兵熟练使用各种器械的。如攻城围邑，就用轒辒、临车和冲车等各种攻城用的战车；想看城中情况，就用云梯和飞楼；军队要前进或者驻扎，就用武冲、大橹等战车在前后掩护；断绝道路，隔断街道，就让勇敢而有才能的士卒拿着强弩，守卫在两侧；设置营垒，就在四周布设天罗、武落、行马、蒺藜等器材；白天就登上云梯向远方眺望，并设立五色旌旗；夜晚就点燃各种烟火，并击响雷鼓、敲动鼙鼓、吹响鸣笳；想翻越过沟堑，就用飞桥、转关，辘轳、钼铻等器械；想渡过大河，就用天潢、飞江；想逆流而上行，就用浮海、绝江。军队所需要使用的器材都已经完整地备齐了，主将还有什么可担忧的呢？"

【注释】

① 轒辒（fén wēn）：古代的战车。用于攻城。

② 临冲：古代的两种战车。

③ 鼙（pí）：古代军中的一种小鼓。

【解读】

题目所谓《军略》，也就是军中的策略，那么军中的策略最多的，就是使用武器的策略了。本篇讲述的就是，在各种地势条件下打仗所需要使用到的武器工具。

姜太公在一开始就强调了"凡帅师将众，虑不

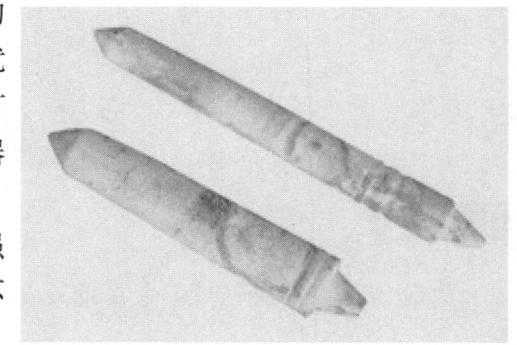

先设，器械不备；教不素信，士卒不习。"，以此来说明了作为将领，平时对士兵们进行训练使士兵们熟练使用各种武器工具的重要性。如果士兵们连自己军队的武器都不会使用，就根本不用提什么作战了。

接下来，太公又分点陈述，一一说明了在各种情况下应该使用何种武器工具。如果各种工具士兵们都会使用了，那么将领带兵差不多就没什么可忧虑的了。也就是最后姜太公说的："三军用备，主将何忧？"

【谈古论今】

凡三军有大事，莫不习用器械

在人类社会的发展中，工具已成为生活中必不可少的物品。工具其实是随着人类智慧的产生而产生的。因为在最开始的原始社会中，人们是不会去思考如何简便地获取各种东西的。直到后来，在生活中的经验一点点提示了身为人类的我们，然后才进而创造出各种工具，以此来方便我们的生活。

现在的生活中可以说没有做什么事是不需要用到工具的。我们写字，要用笔，出门，要坐车，甚至平日身上也得穿着衣服。还有基本不能忘记的手机。现在手机如此普遍的社会甚至已经让我疑惑在没有手机的日子里人们是如何生存的。

所以说工具对人们生活是具有十分重要的作用和意义的，我们要合理使用各种工具，让生活更加简便且充满乐趣。

临境

【原文】

太公曰："分兵三处，令军前军深沟增垒而无出，列旌旗，击鼙鼓，宛为守备；令我后军，多积粮食，无使敌人知我意；发我锐士，潜^①袭其中，击其不意，攻其无备，敌人不知我情，则止不来矣。"

【译文】

太公回答说："把我军队的士兵们分为三部分，命令前军挖深沟壑，增加壁垒高度，不要出去作战，把旌旗摆出来，敲击鼙鼓，以此来做好守卫准备；命令我们后军多多囤积粮食，不要让敌人知道我军意图；然后，派遣我军精锐部队潜入偷袭敌军中央，击其不意，攻其无备。敌人无法了解我军的状况，就不敢轻举妄动，不会前来进攻了。"

【原文】

太公曰："令我前军，日出挑战，以劳其意；令我老弱，曳^②柴扬尘，鼓呼而往来，或出其左，或出其右，去敌无过百步，其将必劳，其卒必骇。如此，则敌人不敢来。吾往者不止，或袭其内，或击其外，三军疾战，敌人必败。"

【译文】

太公回答说："命令我的前军，每天都去向敌人挑战，让敌人的士气感到疲乏；命令我的老弱之士，挥动木棍扬起尘土，击鼓呼喊同时来回奔跑。进行挑战时，一会儿从他左边出来，一会儿从他右边出来，和敌人的距离不要超过一百步。敌人的将领必定会感到劳累，敌人的士卒一定会惊悚害怕。这样的话，敌人就不敢来进攻我方军队了。我们这样不停前去骚扰不停止，偶尔袭击他的里面，偶尔再攻击他的外部，全军再迅疾地和他们战斗，敌人一定会被打败。"

【注释】

① 潜：隐藏地，秘密地。

② 曳：拉，牵引。

【解读】

本文讲述的是在作战中，如何不断骚扰对手使对手感到疲惫，然后趁机一举攻击取得胜利的方法。姜太公的这个作战方法看似很投机取巧，但其实是规规矩矩根据周武王的问题作出的回答。周武王的问题是"吾与敌人临境相拒，彼可以来，我可以往，陈皆坚固，莫敢先举。我欲往而袭之，彼亦来，为之奈何？"他所说的问题有一个前提，就是"陈皆坚固"，在双方阵势差不多，又都很坚不可摧的时候，就要掌握一些作战技巧了。

首先要"分兵三处"，将军士兵们分为前军、中军、后军三个部队，接下来"令我前军，深沟增垒而无出，列旌旗，击鼙鼓，完为守备"，然后"令我后军，多积粮食，无使敌人知我意"。而对于最为精锐的中军部队，则需要"发我锐士潜袭其中，击其不意，攻其无备，敌人不知我情，则止不来矣。"

良好运用这分好的三股部队就能顺利疲软敌军，出奇制胜。

【谈古论今】

或出其左，或出其右

两军对垒，双方装备差不多，气势差不多。两军对峙着，于是谁也不敢先行出击，因为在双方形势相同的情况下，先行出击可能反而不太有利。所以这种情况下就要运用巧妙地手段打击敌人。如果能成功软化敌人，将敌人士气打击下去，或者让士兵们疏于防范，我方军队就占了上风了。这也是出其不意的一个手段。

出奇制胜，不仅带兵打仗需要，在我们日常生活中也是同样需要出奇制胜。尤其是在二十一世纪这个复合型社会，普通人已经满足不了用人单位的要求了。他们想要的是更新鲜、更有吸引力的人物。所以这个时候就要求我们能具有出奇制胜的能力，让面试官预测不到自己的行为，给他留下个深刻的印象。就好似势均力敌的双方，你先打破平衡占了上风，那么就具有了很大的优势。

所以出奇制胜是很重要的手段，在需要的时候要多多使用。

动静

【原文】

太公曰："微哉，王之问也！如此者，先战五日，发我远候，往视其动静，审①候其来，设伏而待之，必于死地，与敌相避。远②我旌旗，疏③我行陈，必奔其前，与敌相当。战合而走，击金无止，三里而还，伏兵乃起，或陷其两旁，或击其前后，三军疾战，敌人必走。"

【译文】

太公答道："微妙啊！君王所问的问题。像这种情况，在交战前五天，就先向远方派出士兵去侦察，来窥探敌人的动静，审查等候敌人出现前来进攻的征兆，预先设下埋伏来等待敌人。必须在对敌人最不利的地方和他相遇，与敌人交战。把我军旌旗拿远，拉开我军队伍的距离，一定要奔到前面，用和敌人相同的速度。刚一交战上就转而逃走，一直鸣金不停止，走出三里就再回来反击，这时伏兵就趁机发起进攻，或者攻击敌人两侧，或者夹击敌军前后，全军奋力作战，敌人必然会逃走。"

【注释】

① 审：慎重，小心谨慎。
② 远：作动词，疏远。
③ 疏：分开；分散。

【解读】

这篇文章主要讲述的是在两军交锋的过程中，如何具体运用迂回和伏击的战术。两军背景和上一篇一样，都是实力相当，但这次周武王提出的要求是"吾欲令敌人将帅恐惧，士卒心伤，行陈不固，后陈欲走，前陈数顾，鼓噪而乘之，敌人遂走"，是想要让敌人感到害怕而自己逃走，比起上一篇的方法似乎多了几分豪气。

姜太公依旧给出回答，首先在对战前的准备是"发我兵去寇十里而伏其两旁，车骑百里而越其前后，多其旌旗，益其金鼓"，让士兵先去埋伏，战车迂回到敌人后方，多多准备旌旗。这样一旦交战，对方肯定会感到气势上被压倒而害怕。

而下一个问题更加严峻，周武王问道"敌之地势，不可以伏其两旁，车骑又无以越其前后，敌知我虑，先施其备，我士卒心伤，将帅恐惧，战则不胜，为之奈何？"再次让姜太公感叹"微哉！王之问也。"这一次难度大了很多，所以上一次的迂回战术不可取了，姜太公就提出了伏击战术。把敌人引入自己伏击的地方，一举攻破。

【谈古论今】

三军疾战，敌人必走

带兵作战，除了要求将领具有非凡的带兵智谋，同时也要求士兵们能拼尽全力。否则不论将领想出怎样的好计策，士兵不尽力作战也是无济于事。所以说，在计谋、情势都具备的条件下，军队上下要同心协力，同仇敌忾，一起打击敌人，这样敌人必然会被打败而逃走了。

所以说使尽全力的力量是很大的。我们在平时生活中，对待自己非常热衷的事情之时，也要努力拼尽全力地去做，这样才更加可能做成。

金鼓

||【原文】||

太公曰："凡三军，以戒为固，以怠①为败。令我垒上，谁何不绝，人执旌旗，外内相望，以号相命，勿令乏音，而皆外向。三千人为一屯，诚而约之，各慎其处。敌人若来，观我军之戒，至而必还，力尽气怠，发我锐士，随而击之。"

111

||【译文】||

太公回答说："但凡军队，有戒备就比较稳固，如果懈怠就导致失败。命令我军扎营壁垒之上，问是谁的声音不停，士兵手拿旌旗，里外互相看着，以口号为命令，不要使金鼓之声断绝，士兵都朝着外面。三千人视为一屯，严加告诫和约束，让他们各自慎重守备相处。敌人如果前来进攻，看到我军戒备森严，到了也一定会害怕地逃回去，敌人筋疲力尽士气低落，我们就派遣出精锐部队，紧随着敌人之后攻击他们。"

||【原文】||

太公曰："分为三队，随而追之，勿越其伏，三队俱②至，或击其后，或陷其两旁，明号审令，疾击而前，敌人必败。"

【译文】

太公答道："把我军分为三队，跟随着敌人追击，注意不要被敌人伏击给击中了，三支部队都追上敌人了之后，有的攻击敌人的前后，有的攻击敌人的两侧，明确号令，士兵们迅疾地向前攻击。这样敌人一定会被打败。"

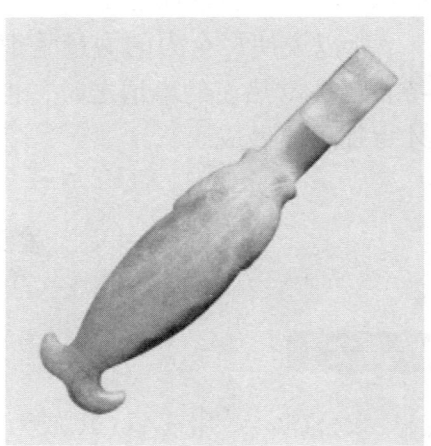

【注释】

① 怠：怠慢。
② 俱：全，都。

【解读】

本篇主要讲述的当敌人夜间来袭，又赶上很多不利的环境条件时，我方军队应该如何克服并反过来取胜。

周武王首先问姜太公"引兵深入诸侯之地，与敌相当，而天大寒甚暑，日夜霖雨，旬日不沟垒悉坏，隘塞不守，斥候懈怠，士卒不戒，敌人夜来，三军无备，上下惑乱，为之奈何？"武王所说的情况确实很棘手。天气环境十分严苛，设备又受到损坏，地形优势也无法借用，此时还正赶上敌人夜间来袭，可真是"屋漏偏逢连夜雨"了。但即使是这么棘手的情况，姜太公也想出了应对之策。他的原则是"凡三军以戒为固，以怠为败。"，所以虽然是这么紧急的状况，军队却更加绝对不能表现出一点懈怠。姜太公要求军队表现得更加严谨，这样就能逼退敌人，不战而胜了。

【谈古论今】

屋漏偏逢连夜雨

在这篇文章中，天时地利两样都对己方不利，偏偏又赶上敌人来袭，又是做什么都不方便的夜间，这种种情况加起来，用句"屋漏偏逢连夜雨"来形容真是一点也不过分。

"屋漏偏逢连夜雨"是冯梦龙的《醒世恒言》中的句子，原句为"屋漏偏逢连夜雨，船迟又遇打头风"，这句话的意思就是屋子本来就漏了，结果还赶上整夜都下雨；等的船本来就来晚了，结果还赶上刮起了逆风。这么悲惨的情况让人叹息。这句话的意思就是用来形容一个人遭遇祸事的时候，总是会接二连三地遇到好几件，也就是常说的"祸不单行"。

绝道

113

【原文】

太公曰："凡深入敌人之境，必察地之形势，务①求便利，依山林、险阻、水泉、林木而为之固，谨守关梁，又知城邑、丘墓地形之利，如是，则我军坚固，敌人不能绝②我粮道，又不能越我前后。"

【译文】

太公回答说："但凡深入敌国境内作战的，必须要先察明地势形态，务必占据有利地形，依托山林、险阻、水泉，林木来巩固地形优势，谨慎守卫关隘桥梁，还应该掌握城邑、丘墓等处的有利地形。这样，我军就能稳固防守，敌人既不能切断我军的粮草供给，也不能迂回到我军后方两面夹击了。"

【原文】

太公曰："凡帅师之法，当先发远候，去敌二百里，神知敌人所在，地势不利，则以武冲为垒而前，又置两踵军于后，远者百里，近者五十里，既有警急，前后相就。吾三军常完坚，必无毁伤。"

【译文】

太公回答说："但凡率领军队的方法，应当先向远方派出侦察的人，距离敌人二百里地，详细了解敌人所在的位置。如果地形对我方不利，就用武冲战车结成壁垒前进，再派出两支后续部队在后跟进，后续部队和前锋间隔远的距离为一百里，近的距离五十里。如果出现有紧急情况，就能前后互相救援。如此一来我们军队就能经常保持完整，而一定不会遭到毁损伤亡了。"

【注释】

① 务：务必。
② 绝：断绝。

【解读】

这一篇周武王为姜太公提出的又是一个棘手的问题。他询问道："引兵深入诸侯之地，与敌相守，敌人绝我粮道，又越我前后。吾欲战则不可胜，欲守则不可久，为之奈何？"本与敌人对峙多年，结果忽然被敌人切断了粮食供给，还被迂回前后夹击，如此形势看似是无法挽回的了。但是姜太公依旧有解决办法，他同样首先提出了一个原则"凡深入敌人之地，必实地之形势，务求便利"，也就是要求我方军队尽量要依靠地形，能依靠就依靠。"依山林、险阻、水泉、林木耐为之固，谨守

夫梁，又知城邑、丘墓地形之利。"把能想到的、能看到的、能用到的全都作为依靠，这样一来，"则我军坚固，敌人不能绝我粮道，又不能越我前后"，周武王的问题就这样又被姜太公解决了。

【谈古论今】

深入敌人之地，必实地之形势

俗话说天时地利人和，从这句俗语我们就可以看出外部环境对于作战的重要性。"天时不如地利，地利不如人和"由此可见，除了"人"这个重要的因素之外，地利也是非常重要的因素之一。占据了合理的地形，对于兵家是非常重要的事情。

有句成语叫"易守难攻"，说的就是当军队占据有利地势时，敌人虽然大举来袭，即使人数众多又颇具谋略，碍于地势原因，也无法贸然进攻。但是防守的一方因为占据有利地势，防守起来却十分简单，可能只需要在敌人进来时稍微留心，偶尔射箭、投石就能将来势汹汹的敌人瓦解。

略地

【原文】

太公曰："凡攻城围邑，车骑必远，屯卫警戒，阻其外内，中人绝粮，外不得输，城人恐怖，其将必降。"

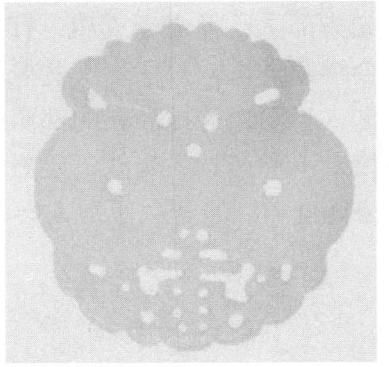

【译文】

太公回答说："但凡攻城围

邑的时候，应把战车骑兵放置在离城比较远的地方，聚集起来担任守卫警戒，以此隔断敌人内外之间的联系。这样，城内敌人必然粮食断绝，而外面的粮食又无法进来，城内民众就会感到恐怖，带兵的将领必然会投降。"

【原文】

太公曰："如此者，当分军三军，谨视地形而处。审知敌人别军所在，及其大城别堡，为之置遗缺之道，以利其心，谨备勿失。敌人恐惧，不入山林，即归大邑。走其别军，车骑远要其前，勿令遗脱。中人以为先出者，得其径道，其练卒材士必出，其老弱独在。车骑深入长驱，敌人之军，必莫敢至。慎勿与战，绝其粮道，围而守之，必久其日。

【译文】

116

太公回答说："如果这样的话，应把我军分为三部分，谨慎视察地形情况驻扎。详细了解敌人其他军队所在的位置和其他大城别堡的状况，为敌人留出一条遗漏防守的道路，来有利于他逃跑。但要严密戒备，不要让敌人跑掉。敌人惊恐惧怕，所以突围时不是想逃入山林，就是想撤往其他大的城邑。这时我军应首先赶走敌人在城外的部队，车骑部队在距城较远的地方，不要让他们逃脱了。这时，他们守城的士兵们就会误以为先头部队已经突围成功，有了撤退的道路，其精锐部队就必定会继续外逃，只留下一些老弱士卒在城内。我军的战车和骑兵深入长驱，这样敌人的部队就必不敢来了。这时我军要格外谨慎，不要与敌人交战，要断绝他们运输粮食的道路，把它围起来防守着，日子久了敌人必然投降。

【原文】

无燔人积聚，无坏人宫室，冢^①树社丛勿伐，降者勿杀，得而勿戮^②，示之以仁义，施之以厚德。令其士民曰：'罪在一人。'如此，则天下和服。"

【译文】

不要在城内聚集自己的人民，不要毁坏城内人民的房屋，坟地的树木和庙祠的丛林不要去砍伐，投降的敌军士卒不要诛杀，敌人被俘的人员不要进行屠戮。向敌国人民表示仁慈义气，施加厚重的德行。并向敌国人民宣布：'罪责只在于君王一人。'这样，天下就会心悦诚服了。"

【注释】

① 冢：坟墓。
② 戮：杀。

117

【解读】

攻城略地是带兵作战的目的，每个带兵的将领最终目的都希望能成功抢占城池，扩张自己国家的领土版图。本篇题目《略地》，讲述的自然就是攻城略地的方法。攻打城池不能一味猛攻，不讲求技巧，而是要从各个方面进行戒备，并懂得一些谋略，用智慧战胜敌人，用武力降服敌人。

这次周武王提出的问题是："我欲攻城围邑，恐其别军卒至而击我，中外相合，击我表里，三军大乱，上下恐骇，为之奈何"。周武王疑惑如果自己想抢先攻击，会不会反而被敌人造成有利之势，如果真的被敌人处于上风了，自己又该如何做才好。

姜太公的说法却很简单，想来又是说着简单做着却不容易。

做到太公的话，最后就能达到"城人恐怖，其将必降"，如果城里上下的人都觉得恐惧，那么也不用作战了，将领也只好认输了。

【谈古论今】

　　降者勿杀，得而勿戮、示之以仁义，施之以厚德

　　有战争的地方就有胜负，有胜负就总会有被擒获的俘虏。如何对待俘虏是将领们比较困惑的一个问题。仁慈对待，很多人无法臣服，热脸贴上冷屁股，心里感觉很不好；如果残忍屠城，又势必会引来百姓的不满，更不用提让百姓臣服了。

　　姜太公对于俘虏的态度很明了，就是用"仁义"来降服他们。对待投降的人不要杀掉，对待俘虏不要虐待。并且要"施之以厚德"。以仁慈的心理对待他人，总有一天会让别人感觉到。如果城内的人民们能感觉到换了君王之后不仅没有受到虐待，反而国家更加昌盛，自己日子一天比一天好，也就不会不臣服了，毕竟对于百姓来说，能安居乐业才是最好的。百姓不希望战争，也是源于希望平静生活的想法。如果原来的君王暴虐无道，百姓们还会渴盼着贤明的君王来拯救他们。所以仁慈地对待百姓，总会让百姓心悦诚服的。

火战

【原文】

　　太公曰："若此者，则以云梯、飞楼，远望左右，谨察前后。见火起，即燔①吾前，而广延之，又燔吾后。敌人若至，则引军而却，按黑地而坚处。敌人之来，犹在吾后，见火起，必远走。吾按黑地而处，强弩材士，卫②吾左右，又燔吾前后。若此，则敌不能害我。"

||【译文】||

||【译文】||

　　太公回答说："如果是这种情况，应该用云梯、飞楼，登高瞭望左右状况，仔细观察前后形势。发现敌人烧起大火，我军也立即在前面地上放火，扩大火焰燃烧的面积，同时又在我军后面放火。敌人要是来进攻了，就把军队引到这块烧光草木的黑地上防守。敌人就算来了，也会落在我军后面，看到火起，一定会走得远远的。我军在黑地上呆着，让有才能的战士拿着强弩掩护左右两边，再在我军前后继续放火。这样，敌人就不能加害于我了。"

||【注释】||

　　① 燔：焚烧。
　　② 卫：保卫，守护。

||【解读】||

　　本篇题目为《火战》。可以想见，讲述的就是关于用火作战的方法。周武王似乎总是喜欢给姜太公提出一些棘手的问题。这次他提出的问题是："敌人因天燥疾风之利，燔吾上风，车骑锐士坚伏吾后。吾三军恐怖，散乱而走，为之奈何？"在我军已行百里，最需要休息的时候，敌人偏偏利用我军草木茂盛的地貌，用火来攻击我军，企图利用草木燃起大火烧毁我方。

　　对于这种棘手的情况，姜太公也丝毫没有犹豫地给出了对策："见火起，即燔吾前而广延之，又燔吾后。"太公的方法就是，不等着敌人烧，自己首先就把军队前后左右的草木都烧光，这样敌人就不能放火袭击我方了。这也可以说是以毒攻毒的方法。你想烧我，我就偏不给你机会，这样就避免了我方被敌人用一

119

把火燃烧殆尽了。

【谈古论今】

火

火这个东西可以说益处多多，也害处多多。我们生活中经常会用到火，比如像做饭这种我们生活中最基本的活动，如果没有火，我们可能连饭都没办法吃了。在远古时期，人类最开始吃东西也是不用火的。但是当后来第一个用火烤了食物的人发现用火烧过的食物的美味后，就不愿意放弃火了。

火在原始社会是人们用来狩猎的手段之一。人们利用火来围剿猎物，使狩猎更加有效。同时又利用火来淬炼兵器，使之更加锋利。所以说。火的好处是很多的。

但同时，事物都是两面的。火在拥有众多好处的同时却也有很多麻烦之处。最显而易见的，如果利用不当，很可能会引发火灾。火灾会使人家破人亡。其次，就像在这篇文章里说的，火还用于战争。火使得战争更加惨烈。虽然有了火战争能更快结束，却也造成很多人的伤亡。所以，火这个东西可谓利弊皆有，我们要合理利用火，就能创造最大效益。

垒虚

【原文】

太公曰："将必上知天道，下知地理，中知人事。登高下望，以观敌人变动。望其垒，即知其虚实；望其士卒[①]，则知其去来。"

120

【译文】

太公答道："将帅应该上知上天的情况，下知地势的情况，中知人间的问题。登高向下望，来观察敌情的变化。观察敌人的壁垒，就能知道它里面的虚实；观察他们士兵的动态，就可知道敌军来去的情况。"

【原文】

太公曰："听其鼓无音，铎无声，望其垒上多飞鸟而不惊，上无氛气，必知敌诈②而为偶人也。敌人卒去不远，未定而复返者，彼用其士卒太疾也。太疾，则前后不相次；不相次则行陈必乱。如此者，急出兵击之，以少击众，则必胜矣。"

【译文】

太公回答说："听不到敌营的鼓声，敌营的铃鼓也寂静无声，看到敌人壁垒上有许多飞鸟而没受到惊吓，空中也没有飞扬的尘土，就能知道这一定是敌人在骗我们，这座城池不过是敌人制造出来的假货。敌人仓促逃跑还不远，还没有停下来又再返回来的，这是他们利用士卒太匆忙的表现。用人太匆忙，前后就没有秩序；没有秩序阵列就一定会混乱。这种情况下，我军可以迅速出兵攻击他们，就算是以少击多，也必会取得胜利。"

121

【注释】

① 卒：完毕，终了。
② 诈：欺骗，用手段诓骗。

【解读】

本篇论述的是关于侦察敌人城池虚实的问题。因为作战讲究战略，所以很多时候敌人会使用一些计谋，这也是理所当然的。这一次周武王问道："何以知敌垒之虚实、启来自去？"就问到了关于敌人使诈的判断问题。他想知道如何才能了解到敌人的营地是虚是实。虚实的判断非常重要，他决定一个军队应该运用何种进攻策略。

姜太公也有所回答。他认为要对敌人的虚实做出判断，将领要具有一种素质："将必上知天道，下知地理，中知人事。"就是说将领要上知天文下知地理，还要精通人类的这些事。这可以说是很高的要求。但如果想精确作出判断，这些要求并不为过。

而作出判断的依据是："听其鼓无音，铎无声，望其垒上多飞鸟而不惊，上无氛气，必知敌诈而为偶人也。"通过敌方军营的各种状况，来做出自己最后的判断。如果敌方军营看上去空空如也，虽然摆在那里却一点动静也没有，甚至连飞鸟都安然处之，那么这个敌营一定是空壳了。但判断时也不能过于轻信，也许这只是敌人造出的假象。所以这就要求将领有丰富的知识，才能做出最合理的判断。

【谈古论今】

空城计

俗话说：兵不厌诈。意思就是，在带兵作战中，对战双方不排斥使用一些诡诈、狡猾的手段来取得胜利。因为战场本来就是双方较量智谋与勇气的地方。而智谋的体现就在于能否骗到敌人。《三国演义》中的诸葛亮就为我们上演过一出精妙绝伦的"空城计"。

诸葛亮在自己城内只有两千五百名士兵，并且粮草缺失的情况下，遭遇司马懿带兵来袭。这种情况下，如果出兵，即使智谋如诸葛亮，也很难以两千五百名吃不饱的士兵对抗司马懿15万大军，相差太悬殊了。而这时的诸葛亮丝毫没有惊慌，他反而令手下收起了所有旌旗，让士兵们全都按兵不动，全城寂静无声，自己一人在城门之上悠然地等候司马懿的到来。

司马懿见到诸葛亮如此悠然的态度后，认为城中一定有诈，反而不敢进攻而撤军了。所以，在带兵作战时，要合理利用智谋，就能达到以一敌百，不战而胜的结果。

123

卷五 豹韬

林战

【原文】

太公曰："使吾三军分为冲陈，便兵所处，弓弩为表，戟盾为里；斩除草木，极广吾道，以便战所；高置旌旗，谨敕①三军，无使敌人知吾之情，是谓林战。林战之法：率吾

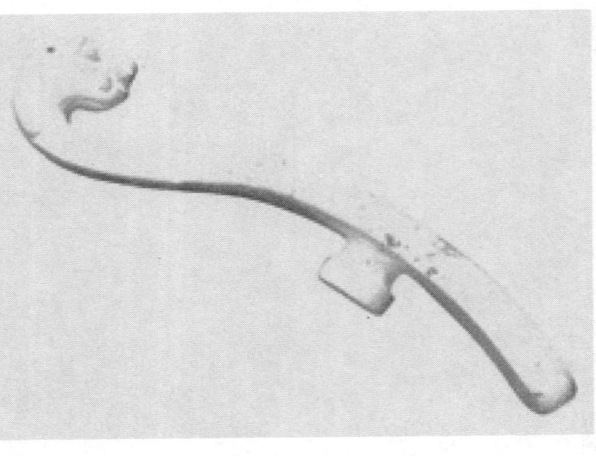

矛戟，相与为伍；林间木疏，以骑为辅，战车居前，见便②则战，不见便则止；林多险阻，必置冲阵，以备前后，三军疾战，敌人虽众，其将可走；更战更息，各按其部。是谓林战之纪。"

【译文】

大公回答说："将我方军队分成冲阵，派到便于作战的地方，弓弩放置在表面，戟盾放置在里层，斩除草木，使我们的道路变得广阔，便于我军战斗；高高挂起旌旗，严格告诫全军，不要让敌人了解我军情况，这就是所说的林战。林战的方法是：将我军使用矛戟等兵器的士兵，编在一起成为一支队伍；森林中树木稀疏，就以骑兵作为辅助作战，把战车配置在前面，发现有利形势就展开战斗，没有发现有利时就停止。森林中险阻地形很多，就必须组成冲阵队形，以防备敌人前后夹击。我方军队迅速发起战斗，敌人即使人数众多，他们的将领也会被我们打跑，作战时要时而战斗时而休息，各自按自己的位置展开行动。这就是林战的一般原则。"

【注释】

① 敕：告诫。
② 便：顺利，没有困难或阻碍。

【解读】

带兵作战会遇到各种不同的条件，天气环境是一方面，地势情况又是一方面。本篇论述的就是在森林中作战的要点，也就是"林战"。

周武王开头提出问题："遇大林，与敌分林相拒，吾欲以守则固，以战则胜，为之奈何？"在双方兵力相当，条件相差无几的时候，和敌人在林中相遇，这时候就要讲究林中作战的技巧了。因为森林中很多东西和一般地势条件不尽相同，要合理利用。

姜太公给出答案，其实林战的原则总结起来很简单，就是"使吾三军分为冲陈，便兵所处，弓弩为表，锁盾为里，斩除草木，极广吾道，以便战所。高置旌旗，谨敕三军，无使敌人知吾之情"。要将阻碍自己的花草树木一一拆除，为军队开辟出一条行进之路。如此，才能够让军队的威猛得以实施，林战也就不构成威胁了。

【谈古论今】

见便则战，不见便则止

带兵作战时很重要的一点就是要注意观察形势。遇到好的形势就积极利用，不好的形势能躲就躲，不能躲就尽量避免。

在准备进攻时，最好是看到有利于自己的情况出现了再大举发起进攻，否则很可能反过来被对方牵制，反而束手束脚，无法展开行动。而当形势对自己有害时，就应该避免发生战争，因为此时即使自己军队很勇猛，因为条件限制，也很可能造成很多不利的后果。

所以进攻一定要考虑清楚各方条件，综合评价再决定进攻与否。

突战

【原文】

太公曰："如此者，谓之突兵。其牛马必不得食，士卒绝粮，暴击而前，令我远邑别军，选其锐士，疾击其后；审其期日，必会于晦①，三军疾战，敌人虽众，其将可虏。"

【译文】

太公回答说："像这样的敌人，叫做突兵。它的牛马一定没有饲料，它的士兵一定没有粮食，所以才凶暴地向我发动进

攻。这种情况下，命令我方驻扎在远方的其他部队，从他们那里挑选精锐的士兵，迅速袭击敌人的后方；详细计算时间，务必让他们在夜晚时与我方会合，全军迅速地向敌人发起进攻，敌人即使人数众多，将领也会被我俘虏。”

【原文】

太公曰："谨候敌人未尽至，则设备而待之。去城四里而为垒，金鼓旌旗，皆列而张，别队为伏兵；令我垒上多积强弩，百步一突门，门有行马，车骑居外，勇力锐士，隐伏而处。敌人若至，使我轻卒②合战而佯走；令我城上立旌旆，击礨鼓，完为守备。敌人以我为守城，必薄③我城下。发吾伏兵，以冲其内，或击其外；三军疾战，或击其前，或击其后。勇者不得斗，轻者不及走。名曰突战。敌人虽众，其将必走。"

【译文】

太公回答说："谨慎观察情况，在敌人还没有到达前，就设置装备等待他们的到来。离城四里的地方建造壁垒，把金鼓旌旗都排列竖立起来，并另派一支部队为伏兵；命令我壁垒上的部队多集中强弩，每百步设置一个可供突击的暗门，门前安置阻挡的木头，战车、骑兵安置在壁垒外面，勇猛精锐的士兵在隐蔽的地方埋伏起来。敌人如果来了，先派我轻装部队和他们交战，然后就假装打不过逃走；再命令在城上竖立旌旗，敲击礨鼓，作好充分的防守准备。敌人认为我军在防守城门，必然进逼城下。这时发动我方埋伏的士兵，来攻击他们内部，或者攻击外部；再令我全军迅速出击，偶尔攻击敌人正面，再攻击敌人后方，让敌人中勇敢的无法战斗，轻巧的来不及逃跑。这种战法称为突战。敌人即使人数众多，他们的将领也必定会逃走。"

【注释】

① 晦：夜晚。
② 轻卒：轻装的士兵。
③ 薄：迫近。

【解读】

本篇论述的是关于"突战"的问题，也就是突然袭击。周武王开始提出问题："敌人深入长驱，侵掠我地，驱我牛马，其三军大至，薄我城下。吾士卒大恐，人民系累，为敌所虏。吾欲以守则固，以战则胜，为之奈何？"他的问题中，我方士兵已经处于下风。被敌人长驱直入，土地被掠夺，人民被俘虏，此时敌人又兵临城下。面对此种苛刻的条件，希望防守稳固，而且能转而取胜，应该怎么做？

姜太公首先给这种情况下了个定义：突兵。就是说在这种情况下进攻的军队叫做突兵，也就说明敌人士兵行动迅速。姜太公认为这种"突兵"的特点就是：其牛马必不得食，士卒绝粮。正因为他们被逼到绝境中了，所以才会"暴击而前"，意图迅速解决战斗。此时就要"令我远邑别军，选其锐士，疾击其后，审其期日，必会于晦，三军疾战"，这样做了之后，"敌人虽众，其将可虏。"

【谈古论今】

兵临城下

在作战之时，总会遇到一些紧急情况。"兵临城下"就是其中一种。试想，对方军队都到了自己城下了，还不够紧急吗？

兵临城下典出《战国策·齐策二》："齐必举兵伐梁，梁、齐之兵连于城下不能去，王以其间伐韩。"这里面的句子整理后就得到了现在我们使用的兵临城下。

在紧急时刻，也就是所谓的兵临城下之时，我们的处理方法不应该是惊慌失措，而是冷静考虑，综合分析现在所处的各种条件，从所有不利条件中寻找出最有利于自己的条件，再合理运用它，从而克服困难。

敌强

||【原文】||

太公曰："如此者，谓之震寇。利以出①战，不可以守。选吾材士强弩，车骑为之左右，疾击其前，急攻其后，或击其表，或击其里，其卒必乱，其将必骇。"

||【译文】||

太公回答说："这样的敌人叫做震寇。在这种情况下，我军出战有利，不能一味防守。应该挑选我们有才能的战士手拿强弩，以战车、骑兵在左右守护，迅速地攻击敌人前面，急速地攻击敌人后方。或者攻击敌人表面，或者攻击敌人里面。这样，他们的士兵必然会感到混乱，他们的将领也必然会感到恐惧害怕而被我们打败了。"

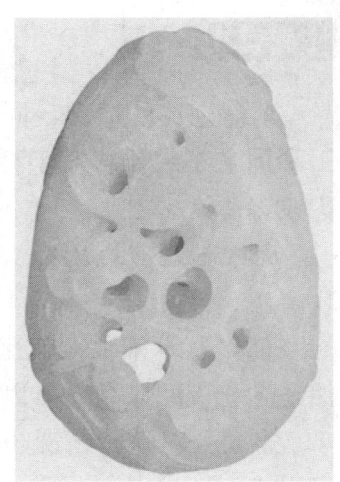

||【原文】||

太公曰："明哉，王之问也！当明号审令，出我勇锐冒将之士，人操炬火，二人同鼓，必知敌人所在，或击其表里，微号②相知，令之灭火，鼓音皆止，中外相应，期约皆当，三军疾战，敌必败云。"

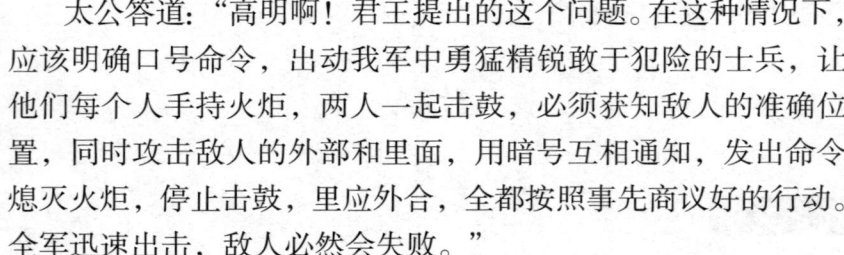

||【译文】||

太公答道:"高明啊!君王提出的这个问题。在这种情况下,应该明确口号命令,出动我军中勇猛精锐敢于犯险的士兵,让他们每个人手持火炬,两人一起击鼓,必须获知敌人的准确位置,同时攻击敌人的外部和里面,用暗号互相通知,发出命令熄灭火炬,停止击鼓,里应外合,全都按照事先商议好的行动。全军迅速出击,敌人必然会失败。"

||【注释】||

① 出:选择,选出。
② 微号:暗号。

||【解读】||

本篇论述的情况,同样是在我军处于下风的情况下。周武王和周文王想比,对于打仗可能更有研究,提出的问题也相对尖锐刻薄许多。

周武王这次提出:"敌众我寡,敌强我弱。敌人夜来,或攻吾左,或攻吾右,三军震动。吾欲以战则胜,以守则固。为之奈何?"本来敌人就比我方兵力强大,这就不提了,敌人居然还趁着夜间来袭,可以说给我军造成了更大的麻烦。

姜太公对这种情况也有自己的解决方法:"利以出战,不可以守。"这是对付敌人这种"震寇"的最主要原则,一定要遵守。这种情况下是利于己方作战,却不利于己方防守的。所以一定要抢先出击,占据有利形势,才能克敌制胜。

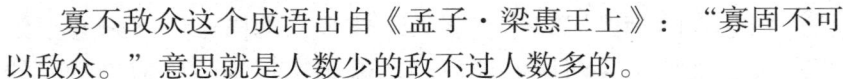

寡不敌众

不论作战还是我们平日生活，我们都知道一个道理，就是人数少的总是抵不过人数多为好。因为人多了，不管是齐心合力做事，还是万众一心想对策，都比单枪匹马来得方便又省事。寡不敌众正是形容了双方数量差异悬殊，所以人数少的一方没有办法对抗人数众多的一方。

寡不敌众这个成语出自《孟子·梁惠王上》："寡固不可以敌众。"意思就是人数少的敌不过人数多的。

我们也有其他说法，比如人多力量大等，都是形容人多的好处。

敌武

131

【原文】

太公曰："伏①我材士强弩，武车骁骑，为之左右，常去②前后三里，敌人逐我，发我车骑，冲其左右，如此，则敌人扰乱，吾走者自止。"

【译文】

太公回答说："应该让我们有才能的士兵拿着强弩埋伏，把威力大的战车和骁勇善战的骑兵保护在其左右，一般距离我方大部队前后约三里的地方。敌人如果追击我方，就出动我方的战车和骑兵，攻击敌人的左右两侧，这样敌军就会被打扰陷入混乱，我们逃跑的士兵自然就不会再逃跑了。"

|【原文】|

太公曰："选我材士强弩，伏于左右，车骑坚阵而处，敌人过我伏兵，积③弩射其左右，车骑锐兵，疾击其军、或击其前，或击其后，敌人虽众，其将必走。"

|【译文】|

太公回答说："应该让我们有才能的士兵拿着强弩埋伏，埋伏在左右两侧，把战车和骑兵组成坚固的防守阵容来守卫。当敌人通过我伏兵埋伏的地方时，就用密集的箭矢射击敌人的左右，再用战车骑兵和精锐的士兵出击，疾速地攻击敌军，或者攻击敌人的正面，或者攻击敌人的后面。这样，敌人即使人数众多，他们的将领也一定会被我们打败而逃走。"

|【注释】|

① 伏：埋伏。
② 去：距离。
③ 积：聚集。

|【解读】|

本篇论述的是当双方遭遇了之后应该如何作战的技巧。周武王提出问题："卒遇敌人，甚众且武。武车骁骑，绕我左右，吾三军皆震，走不可止，为之奈何？"突然遇到敌人，敌人不仅人数众多还英勇善战，吓得我方士兵们还没开始战斗就纷纷逃跑。这种情况听来可笑，其实非常紧急。还没作战士兵们就逃跑了，那么将领还如何指挥？战斗还如何进行？

姜太公对于这种情况当然也有对策。首先他认为"善者以胜，不善者以亡"，遇到这种情况，善于用兵的人不会认为有什么问题，反而会加以利用取得胜利，但不善于用兵的人就会乱了

132

阵脚，最终战败。

姜太公的对策就是"伏我材士强弩，武车骁骑，为之左右，常去前后三里。敌人逐我，发我车骑，冲其左右。如此，则敌人扰乱，吾走者自止。"做到这些，敌方就被我方打乱，逃跑的士兵们自然就不会继续逃跑了。

【谈古论今】

善者以胜，不善者以亡

对于同样的一种情况，每个人对待的态度都不尽相同。我们能够了解的是，如果善于利用情况的人遇到了，就会合理运用，将其转为自己的优势，再加以利用以取得意想不到的结果。但如果是不善于利用的人，即使是有利于自己的情况，也可能会被自己搞砸，从而最终只能失败。

我们在生活中也经常会有这种事情发生。所以我们在做一件事之前要考虑好可能发生的各种情况以及对策，这样在真正发生状况的时候才不至于手忙脚乱，乱中出错。

133

鸟云山兵

【原文】

太公曰："凡三军处山之高，则为敌所栖①，处山之下，则为敌所囚②。既以被山而处，必为鸟云之陈。鸟云之陈，阴阳皆备，或屯其阴，或屯其阳。处山之阳，备山之阴；处山之阴，备山之阳；处山之左，备山之右；处山之右，备山之左。其山敌所能陵者，兵备其表，衢道通谷，绝以武车。高置旌旗，谨敕三军，无使敌人知我之情，是谓山城。行列已定，士卒已陈，法令已行，奇正已设，各置冲陈于山之表，便兵所处，乃分车骑为鸟云之陈，三军疾战，敌人虽众，其将可擒。"

【译文】

太公回答说："凡是把军队驻扎在山顶之上，就容易被敌人隔绝；凡是把军队驻扎在山脚之下，就容易被敌人围困囚禁。既然是要在山中作战，就必须布成鸟云之阵。所谓鸟云之阵，就是对山的南面北面各个地方都要防备；军队驻守在山的北面，或者驻守在山的南面。驻扎在山的南面，要戒备山的北面；驻扎在山的北面，要戒备山的南面；驻扎在山的左面，要戒备山的右面；驻扎在山的右面，要戒备山的左面。凡是敌人能在这个山攀登上来的地方，都要派人防守，山谷道路要利于通行，

要用战车加以隔断。高挂旌旗，严格告诫全军，不要让敌人察知我军情况，这样就形成一座山城。部队的排兵布阵已经确定，士兵们已经排列好，法令已经施行，奇正已经设好，各部队都在山的表面排列好阵型，设置在山上比较便于作战的地方。然后把战车和骑兵排列成鸟云之阵。我军疾速发起战斗。敌军即使人数众多，他们的将领也能够被我们擒获。"

【注释】

① 栖：居留，停留。
② 囚：囚禁。

【解读】

继"林战"之后，本篇又叙述了另外一种地理条件下的作战方法。这种地理条件就是，山地。本文题目"山兵"，意思就是在山上作战的士兵，也是在山上作战的方法。

这次周武王叙述的条件是："引兵深入诸侯之地，遇高山磐石，其上亭亭，无有草木，四面受敌，吾三军恐惧，士卒迷惑。吾欲以守则固，以战则胜，为之奈何？"本来打入敌人领地是高兴的事，结果居然进入山地。山地形势恶劣，不易防守也难于进攻。

姜太公首先说明了在这种山地的条件下，敌人会采取的基本措施，也就是"三军处山之高，则为敌所栖；处山之下，则为敌所囚"。不论是驻扎在山顶高处，还是山脚下这种矮的地方，都会被敌人所利用。所以姜太公认为，在山中作战的要点就是"既以被山而处；必为鸟云之陈"，也就是，一定要排列好鸟云之阵。阵型问题会决定一个军队的胜负，如果能顺利排好阵型，也就不怕敌人来袭了，而且还能顺利打败敌人。

鸟云泽兵

【原文】

太公曰："三军无备，牛马无食，士卒无粮，如此者，索①便诈敌而亟②去之，设伏兵于后。"

135

【译文】

太公回答说：“军队没有装备，牛马没有饲料，士兵没有粮食，在这种情况下，应该寻找机会欺骗敌人，迅速离开这个地方，并在后面设置伏兵。”

【原文】

太公曰：“求途之道，金玉为主，必因敌使，精微为宝。”

【译文】

太公答道：“寻求退路的方法，主要是用金银财宝引诱敌人，一定要贿赂敌方派来的使者。这件事必须精密细微，不使敌人察觉最为重要。”

【原文】

太公曰：“如此者，分为冲陈，便兵所处，须其毕出，发我伏兵，疾击其后，强弩两旁，射其左右。车骑分为鸟云之陈，备其前后，在三军疾战。敌人见我战合，其大军必济水而来，发我伏兵，疾击其后，车骑冲其左右，敌人虽众，其将可走。凡用兵之大要，当敌临战，必置冲陈，便兵所处。然后以车骑分为鸟云之陈，此用兵之奇也。所谓鸟云者，鸟散而云合，变化无穷者也。”

【译文】

太公回答说：“在这种情况下，我军应该分为冲阵，设置在便于作战的地方，等待敌军全都渡河完毕以后，发动我方伏兵，疾速攻击敌人后方，弓箭从两旁出来，射击敌人左右。战车和骑兵排列成为鸟云之阵，前后戒备，全军疾速发起战斗。

敌人发现我军与他们开始交战，他们的大军一定会渡河前来。这时就发动我军的伏兵，猛烈攻击敌军后方，用战车和骑兵冲击敌人两侧，敌军即使人数众多，他们的将领也必定会被打败逃走。但凡用兵的最重要原则是，当与敌人对峙要开始作战时，一定要把军队排列成为冲阵，放置在便于作战的地方，然后再把战车和骑兵排列成鸟云之阵，这就是出奇制胜的方法。所谓的鸟云，就是像鸟散云合那样，变化无穷。"

【注释】

① 索：搜寻，寻求。
② 亟：急切。

【解读】

本文中所提到的不利于我方作战的地理条件是水流。周武王的问题是："与敌人临水相拒，敌富而众，我贫而寡，逾水击之则不能前，欲久其日则粮食少。吾居斥卤之地，四旁无邑，又无草木，三军无所掠取、牛马无所刍牧，为之奈何？"明明是在水边要开战，可是因为我方军备不够充足，无法渡河，更不用提如何和敌人作战了。而且牛马没有饲料可喂，士兵没有食物可吃。可说是情况非常紧急。

姜太公对此种情况的处理方法是："索便诈敌而亟去之，设伏兵于后。"也就是说先骗过敌人的眼睛逃出去再说。看来这种情况确实很棘手，太公也想不出能在此种情况下获得胜利的方法了。不过如果能摆脱敌人，整顿武器，喂饱牛马，补充粮食，那么作战自然就有胜算多了。

人为财死

在这篇文章中，提到在困境中寻求退路的方法，姜太公说到了"金玉为主"，可见即使在敌人处于危急之下，随时可能被我方打败的情况下，也会有人因为利益而作出对敌人有利的事情。毕竟人类都是爱财的，有了钱财，就能不辛苦而享受生活，所以才有俗语"人为财死"。

少众

【原文】

太公曰："以少击众者，必以日之暮，伏于深草，要之隘路；以弱击强者，必得大国而与①，邻国之助。"

【译文】

太公回答说："要以少击多的话，必须在日落的黄昏之时，让军队埋伏在深草里，在狭隘的道路上截杀敌人。要以弱击强的话，必须得到大国的交好，邻国的帮助。"

【原文】

太公曰："妄张诈诱，以荧惑其将，迂其途，令过深草，远其路，令会日路，前行未渡水，后行未及舍，发我伏兵，疾击其左右，车骑扰乱其前后，敌人虽众，其将可走。事大国之君，下邻国之士，厚其币，卑②其辞，如此，则得大国之与邻国之助矣。"

【译文】

太公答道："用虚张声势，使诈诱惑敌人将领，让他们迁

138

回前进，使他们经过深草地带，引诱敌人绕远路，让他们正好在太阳落山的黄昏时分和我方交战。趁敌人先发的部队没有渡水，后续部队来不及扎营的时候，发动伏击部队，迅速地攻击敌人的左右，再让战车和骑兵扰乱敌人的前后，敌人即使人数众多，他们的将领也会被打败而逃走。侍奉大国的君王，礼遇邻国的贤士，多给他们送钱财，对他们说话言词谦卑，这样就能够得到大国的交好和邻国的帮助了。"

【注释】

① 与：交往，友好。
② 卑：保持谦虚的态度。

【解读】

本篇题目《少众》，意思就是自己军队士兵人数稀少。而在这种人数稀少的情况下，应该如何运用策略才能取得胜利。

139

开头还是以周武王的问题开篇，周武王问道："吾欲以少击众，以弱击强，为之奈何？"直接就说出了自己的目的：以少击众，以弱击强。这个问题在什么时候都很有挑战性。

姜太公对此的回答比较简单："以少击众者，必以日之暮，伏于深草，要之隘路；以弱击强者，必得大国之与，邻国之助。"只要利用天时，和他人的帮助，那么即使以少胜多也不是不可能的了。

【谈古论今】

三千越甲可吞吴

越王勾践曾惨败于吴国，落得只能给夫差当下人的地步。但当他回国后，并没有沉浸在失败的阴影中，也没有甘于当吴国的阶下囚，勾践卧薪尝胆，体会了常人不能想象的痛苦，借此来磨练自己的意志。同时精诚建设越国，使越国上下一心，同仇敌忾。最后终于率兵反攻吴国，只用了三千精兵就战胜了吴国。

他能以少胜多很大成度在于他运用了弱化吴国的谋略。所以说，只要合理运用策略，以少胜多也有可能实现。

分险

【原文】

太公曰："处山之左，急备山之右；处山右，急备山左。险有大水，无舟楫者，以天潢济吾三军；已济者，亟广吾道，以便战所。以武冲为前后，列其强弩，令行阵皆固。衢道①谷口，以武冲绝之。高置旌旗，是谓军城。

【译文】

太公回答说："当军队占领山的左侧时，应迅速戒备山的右侧；占领了山的右侧时，应迅速戒备山的左侧。险要地区如果有大的江河湖泊，没有船只可以利用的话，就应该用天潢等帮助我军渡河。已经渡过江河的部队，要迅速帮我军开辟道路，占据有利地形以便战斗。要用武冲掩护我军的前后，排列强弩，以使我军行进阵形稳固。在岔路地区和山谷的出入口，要用武冲战车来隔绝，并高挂旌旗，这样就可以成为军城。

【原文】

凡险战之法，以武冲为前，大橹为卫；材士强弩，翼吾左右。三千人为屯，必置冲陈，便兵所处。左军以左，右军以右，中军以中，并攻而前。已战者，还归屯所②，更战更息，必胜乃已。"

【译文】

但凡在险要地方作战的方法是，把武冲战车放在前面，以大橹作为守卫，让有才能的勇猛战士拿着强弩，保护我军左右。每三千人编为一屯，组成冲阵阵型，放置在便于作战的地形上。左军用于左翼，右军用于右翼，中军用于中央，一起并肩攻击，已经战斗完的部队回到原来的屯所，轮番作战轮番休息，我军一定会取得胜利。"

【注释】

① 衢道：歧路，岔路。
② 屯所：住处，驻扎之处。

【解读】

本篇论述了山水隘险地区的作战方法。开头周武王问道："与敌人相遇于险厄之中。吾左山而右水，敌右山而左水，与我分险相拒。各欲以守则固，以战则胜，为之奈何？"敌我双方在山水交错的狭隘地区相遇了，如何针锋相对。姜太公对于这种情况首先说道："处山之左，急备山之右；处山之右，急备山之左。"以此防备敌人进攻一举将自己包围。做好准备之后就"左军以左，右军以右，中军以中，并攻而前。"以此发动攻击。"已战者还归屯所，更战更息"战斗完一拨儿的就先回去休息等待第二拨儿，此时下一战队就跟上。这样一轮轮地打击敌人，直到"必胜乃已"，最后一定会取得胜利。

锲而不舍，金石可镂

不管是古代的带兵作战，还是我们在平日生活中遇到各种各样的事情，想要做成功都贵在一个坚持。只要坚持不懈，事情总会做出个结果。就像这篇文章中，虽然处于很不利的情况之下，但因为有了良好的策略，士兵们又懂得一波波地持续进攻，直到敌人被打垮才放弃，那么最终的结果肯定是敌人被打败。

我们平日做事也是一样。就拿学习这件事来说，难就难在坚持。生活中美好的事情太多，让我们总是会分心。所以要想做出成绩，就必须看准一件事，然后坚持不懈地努力，这样才能最后取得成功。

142

卷六 犬韬

分合

【原文】

太公曰；"凡用兵之法，三军之众，必有分合之变。其大将先定战地、战日，然后移檄书①与诸将吏，期攻城围邑；各会其所；明告战日，漏刻有时。大将设营而陈，立表辕门，清道而待。诸将吏至者，校②其先后，先期至者赏，后期至者斩。如此则远近奔集，三军俱至，并力合战。"

【译文】

太公答道："但凡用兵的方法，因为军队的人数众多，必然会有兵力分散和集中等变化。将领要首先确定作战的地点和日期，然后将战斗命令文件下达给诸位官员，明确商定攻打敌人、攻城围邑的具体事宜，在自己的地方相互汇合，明确告知作战的日期，以及部队具体到达的时间。大将提前到达集结地点设置军营，排兵布阵，在大门口竖立竿子，清除道路等待时间到来军队集合。各位军官将吏到达后，要检验他们到达的先后次序，在期限前到达的给予奖励，在期限之后才到的就杀掉。这样不论远近都会按期到达。军队全部集合完毕后，就能集中力量与敌交战了。"

【注释】

① 檄书：古代官府用以征召或声讨的文书。
② 校：考核，考察。

【解读】

144

这次周武王提到的问题比较细致，是关于军队集合的问题。他问道："王者帅师，三军分为数处，将欲期会合战，约誓赏罚，为之奈何？"

姜太公首先总结了集合军队中的一些问题："用兵之法，三军之众，必有分合之变。"然后再说明了召集军队的方法原则，就是"大将设营布陈，立表辕门，清道而待。诸将吏至者，校其先后，先期而至者赏，后期而至者斩。"以这样奖罚分别、威慑十足的方式集合士兵，相信没有人会迟到。军队也就能如期出发，不耽误良辰吉时了。

【谈古论今】

时间就是生命

对于一个军队来说，时间就是生命。所以在召集军队时，遇到有迟到不守时的兵士，将领才会用砍头这种最严酷的刑罚来处罚，为的就是让士兵们都能遵守时间，不耽误军队出征的最佳时候。有时候好的时机转瞬即逝，如果耽误了可能很长时间都不会再有机会了。

而对于我们现代人来说，时间更是非常重要。在社会高速发展的今天，抓紧时间成为了一切成功的前提。不论要做什么事，一定都要抓紧时间，否则可能会造成无法挽回的后果。

武锋

【原文】

太公曰："夫欲击者，当审察敌人十四变^①，变见则击之，敌人必败。"

【译文】

太公回答说："想要攻击敌人，应当详细察明不利于敌人的十四种情况。这些情况一旦出现，就可以发起攻击，敌人一定会被打败。"

【原文】

太公曰："敌人新集可击，人马未食可击，天时不顺可击，地形未得可击，奔走可击，不戒^②可击，疲劳可击，将离士卒可击，涉长路可击，济水可击，不暇可击，阻难狭路可击，乱行可击，心怖可击。"

【译文】

太公回答说："敌人新集结起来时可以发起攻击，敌人士兵和牛马都没有进食时可以发起攻击，气候季节对敌人不利时

可以发起攻击，敌人没有取得有利地形时可以发起攻击，敌人
仓促逃走时可以发起攻击，敌人没有戒备时可以发起攻击，敌
人疲劳不堪时可以发起攻击，敌人的将领离开士兵们时可以发
起攻击，敌人长途跋涉时可以发起攻击，敌军渡河时可以发起
攻击，敌军无暇他顾时可以发起攻击，敌人被狭隘的道路阻隔
时可以发起攻击，敌人阵列混乱时可以发起攻击，敌人军心震
荡不安时可以发起攻击。"

【注释】

① 变：变故。
② 戒：戒备。

【解读】

本文论述的是在带兵作战中，出现的十四种不利于敌人的
战机，只要我方能合理利用战机，那么获胜也就轻而易举了。
本次周武王提出的问题是："凡用兵之要，必有武车、骁骑、
驰陈选锋，见可则击之。如何则可击？"他询问的就是带兵出
征的良好时机。姜太公回答："审察敌人十四变。"可见有
十四种情形是不利于敌人的，要合理利用。接下来姜太公说明
了这十四种情形分别是什么。只要在作战中遇到这十四种情况，
一定要抓住时机进攻，不要让战机白白浪费。

【谈古论今】

心怖可击

在这篇文章中，姜太公阐述了敌人会落于下风的十四种情
形，其中之一就是"心怖可击"。这就说明，对于作战来讲，
士兵们的士气是取胜的最关键点，如果士兵们失去士气了，那
么对战基本就没有悬念了。因为士兵们无心打仗，自然就无法

取得胜利了。

　　不光是作战，在平时的事情中，我们也需要关心人心。只有人心积极向上，做事才能有效率，如果做事的人本身就畏首畏尾，那么事情基本就做不成了。

教战

【原文】

　　太公曰："凡领三军，有金鼓之节，所以整齐士众者也。将必先明告吏士，申之以三令，以教操兵起居、旌旗指麾①之变法。故教吏士，使一人学战，教成，合之十人；十人学战，教成，合之百人；百人学战，教成，合之千人；千人学战，教成，合之万人；万人学战，教成，合之三军之众；大战之法，教成，合之百万之人众。故能成其大兵，立威②于天下。"

【译文】

　　太公回答说："但凡统率三军，必须用金鼓来指挥。这是为了使全军的行动整齐划一。将领必须先明白告诉官兵应该怎样操练，并且要反复讲解清楚，然后再训练他们操作兵器，以及各种旗帜指挥信号的变化方法。所以，训练军队时，要先对一个士兵进行指导，一个士兵指导完成后，再十人合练；十人合练完成后，再百人合练；百人合练完成后，再千人合练；千人合练完成后，再万人合练；万人合练完成后，再全军合练；全军都学会之后，再进行百万大军的合练。这样，就能组成强大的军队，在天下树立威信了。"

【注释】

①麾：同"挥"，指挥。

②威：威信，威严。

【解读】

　　本篇讲述的是对于军队训练的方法。周武王首先提出问题："合三军之众，欲令士卒练士，教战之道奈何？"他希望将整支军队都训练得整齐划一。

　　姜太公对于训练的态度是："凡领三军，有金鼓之节，所以整齐士众者也。"他主张用金鼓进行训练，用金鼓的好处就是可以统一训练，让士兵们统一行动。然后的训练活动不是全军一起进行，而是一点点开展。先从个人开始教起。再到十人、百人、千人、万人，万人之后再整支军队合练。这样慢慢教学，能让效果逐渐推进，最终能使得每个士兵都学会，才是真正的训练。

武车士

【原文】

　　太公曰："选车士之法：取年四十以下，长七尺五寸以上，走能逐①奔马，及②驰而乘之，前后左右、上下周旋、能束缚旌旗；力能彀八石弩，射前后左右，皆便习者，名曰武车之士，不可不厚也。"

【译文】

　　太公答道："选拔车上武士的标准是：选取年龄在四十岁以下，身高七尺五寸以上，跑起来能追得上奔跑中的骏马，能在奔驰中跳上战车；并且能在战车上前后左右上下各方与敌人周旋应战，能拿好旌旗，力量足够能拉八石弩，向左右、前后射箭的人。这些统统都能熟练做到的人，称为武车之士，对他们不可不给予丰厚的俸禄。"

【注释】

① 逐：追赶。
② 及：赶上。

【解读】

到了本篇，周武王询问的问题更加细致，已经具体到个人了。他这次问的是武车士的选拔方法。其实姜太公给出的回答很简单："选车士之法，取年四十以下，长七尺五寸以上；走能逐奔马，及驰而乘之；前后、左右、上下周旋；能束缚旌旗、力能彀八石弩，射前后左右。"要求确实不算多，但每一项都很难做到。只做到一项都已经能被称为勇士，如果能都做到的，那就真的是勇猛异常了。所以对于这种勇猛之士，姜太公说道："不可不厚。"就是不能不给予他们丰富的俸禄。因为只有这样才能留住人才。

武骑士

太公曰:"选骑士之法:取年四十以下,长七尺五寸以上,壮健捷疾,超绝伦等,能驰骑彀射,前后左右,周旋进退,越沟堑,登丘陵,冒险阻,绝大泽①,驰②强敌,乱大众者,名曰武骑之士,不可不厚也。"

|【译文】|

太公答道:"选拔骑士的标准是,选取年龄在四十岁以下,身高在七尺五寸以上;身体健壮,行动迅速,比一般人厉害;能骑马奔驰并在马上搭弓射箭,前后、左右应付自如,和敌人轻松进行周旋;越过沟堑,攀登丘陵,跨越险阻,横渡河流,骑马追逐强敌,扰乱众多敌人。这种人称为武骑之士,对他们不可不给予丰富的俸禄。"

|【注释】|

① 泽:湖泊。
② 驰:奔驰,追赶。

|【解读】|

这一篇选取的能人是武骑士,所谓武骑士,就是能骑马作战的人。本身骑马骑得好已经不容易,再要加上马上作战就更加困难。所以武骑士要求这个人要骑马骑得非常好,而且还善于打仗。只有这二者都具备,才能担任这个职务。

姜太公对于武骑士的要求则是:"取年四十以下,长七尺五寸以上；壮健捷疾，超绝伦等；能驰骑毂射，前后左右，周旋进退；越沟堑，登丘陵，冒险阻，绝大泽，驰强敌，乱大众。"每一条都是一个标准，能全部做到的真正可谓勇士，所以姜太公对于武骑士的评价也是"不可不厚"。

战车

【原文】

太公曰："步贵知变动，车贵知地形，骑贵知别径奇道，三军同名而异用也。凡车之死地有十，其胜地有八。"

【译文】

太公回答说："步兵作战贵在能知道情况变化，战车作战贵在知道地形状况，骑兵作战贵在熟悉旁路小道。这三支部队名字都相同，但是用法有所不同。战车作战有十种非常不利的情况，也有八种有利的情况。"

【原文】

太公曰："往而无以还，车之死地也。越绝险阻，乘敌①远行者，车之竭地也。前易后险者，车之困地也。陷之险阻而难出者，车之绝地也。圮下渐泽，黑土粘埴者，车之劳地也。左险右易，上陵仰阪者，车之逆地也。殷草横亩，犯历深泽者，车之拂地也。车少地易，与步不敌者，车之败地也。后有沟渎，左有深水，右有峻阪者，车之环地也。日夜霖雨，旬日不止，道路溃陷，前不能进，后不能解者，车之陷地也。此十者，车之死地也。故拙将之所以见擒，明将之所以能避也。"

||【译文】||

　　太公回答说：“可以前进但无法退回的，就是战车的死地；越过险阻，长途追逐敌人的，就是战车的竭地；前面平坦易行，后面艰险阻碍的，就是战车的困地；陷于险阻而难以出来的，就是战车的绝地；地下有沼泽十分泥泞，就是战车的劳地；左面凶险右面平坦易行，还要向上爬坡的，就是战车的逆地；遍地草木疯长，还要渡过深水的，就是战车的拂地；战车数量少但地形平坦，与步兵又配合不好的，就是战车的败地；后面有沟渠，左面有深水，就是战车的坏地；昼夜连着下雨，数十日也不停，道路崩塌，往前不能进，往后不能退的，就是战车的陷地。这十种就是战车的死地。所以不好的将领就会因此被擒住，而贤能的将领就能避开。”

||【原文】||

　　太公曰：“敌之前后，行陈未定，即陷之。旌旗扰乱，人马数动，即陷之。士卒或前或后，或左或右，即陷之。陈不坚固，士卒前后相顾，即陷之。前往而疑，后恐而怯，即陷之。三军卒惊，皆薄而起，即陷之。战于易地，莫不能解，即陷之。远行而暮舍，三军恐惧，即陷之。此八者，车之胜地也。将明于十害、八胜，敌虽围周，千乘万骑，前驱②旁驰，万战必胜。”

||【译文】||

　　太公回答说：“敌人的前后行阵尚未决定，就用战车乘机攻陷它；敌人旌旗被扰乱，人马不断变动，就用战车乘机攻陷它；敌方士兵有的向前，有的退后，有的往左，有的往右，就用战车乘机攻陷它；敌人阵型不坚固，士兵在前后相互看，就用战车乘机攻陷它；敌人前进就犹疑。后退就害怕，就用战车乘机攻陷它；敌人全军突然惊乱，就用战车乘机攻陷它；在平坦地形上和敌人交战，很长时间还未结束战斗，就用战车乘机攻陷它；敌人长途行军，天黑了才扎营，全军都感到恐惧，就用战车乘机攻陷它。这八种情况就是战车的胜地。将领知道了这十种不利的情况和八种有利情况，即使敌人把我们周围都包围住了，用千军万马向我军正面侧面进攻，也能百战百胜。"

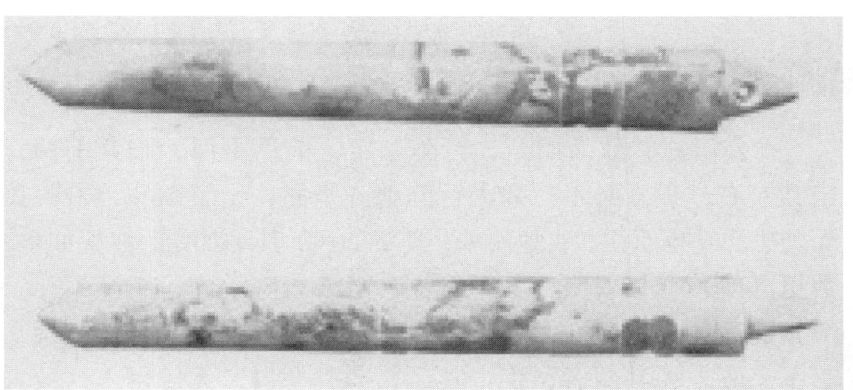

【注释】

① 敌：同等；相当。
② 驱：逼迫，逼进。

【解读】

本文开始就说明了"步贵知变动，车贵知地形，骑贵知别径奇道，三军同名而异用也。"以此说明在战争中，步兵、战车、骑兵都各有各的优势和劣势，用法也不尽相同。在接下来的六韬最后三篇中，就是分别对这三种军种进行说明和论证。

姜太公在被问到战车的功能时，说了"车之死地有十，其胜地有八"。对战车十分不利的情况有十种，十分有利的情况有八种。如果遇到十种"死地"，那么战车基本就算作废了，一点也派不上用场了。但如果是遇到八种"胜地"，那么战车就能发挥神乎其神的效果。

所以在战斗时，对于战车的功能要尽量熟知，合理发挥战车的作用和功效。

战骑

【原文】

太公曰："敌人始至，行陈未定，前后不属，陷其前骑，击其左右，敌人必走；敌人行陈整齐坚固，士卒欲斗，吾骑翼而勿去，或驰而往，或驰而来，其疾如风，其暴如雷，白昼如昏，数更旌旗，变易衣服，其军可克；敌人行陈不固，士卒不斗，薄其前后，猎其左右，翼而击之，敌人必惧；敌人暮欲归舍，三军恐骇，翼其两旁，疾击其后，薄其垒口，无使得入，敌人必败。

【译文】

太公回答说："敌人刚开始到了，行兵阵列还未稳定，前后不能很好适应，要立即用骑兵击破敌人先头部队中的骑兵部队，对其两翼进行夹击，敌人必然会逃跑；敌人行兵阵列整齐坚固，士兵急切想要战斗，我们骑兵应缠住敌人两翼不放手，偶尔奔驰过去，偶尔奔驰回来，疾速如风，猛烈如雷，从白天战至黄昏，不断更换旌旗，变更服装，就能够打败敌人；敌人行兵阵列不坚固，士兵们没有斗志，就让骑兵进攻敌人的前面和后面，袭击他们的左右，对其两翼进行夹击，敌人必然会感到恐惧；敌人晚上想要回营，军队都感到害怕，就用骑兵对其两翼进行夹击，急速攻击他们后方，逼近他们壁垒的出入口，阻止他们进入营垒，敌人必然会失败。

【原文】

敌人无险阻保固，深入长驱，绝其粮路，敌人必饥；地平而易，四面见敌，车骑陷之，敌人必乱；敌人奔走，士卒散乱，或翼其两旁，或掩其前后，其将可擒；敌人暮返，其兵甚众，其行阵必乱；令我骑十而为队，百而为屯，车五而为聚，十而为群，多设旌旗，杂以强弩；或击其两旁，或绝其前后，敌将可虏。此骑之十胜也。"

【译文】

敌人没有险阻地带可以驻守，骑兵应长驱直入，切断敌人粮道，敌人必然会感到饥饿；敌人处于平坦地形，四面都容易被敌人攻击，用骑兵和战车攻击它，敌人必然会变得混乱；敌人奔驰逃走，士卒散乱，对其两翼进行夹击，或从前后进行攻击，敌军将领就可以被我们擒获；敌人晚上返回营地，他们士兵很多，阵型一定混乱了，就令我骑兵十人组成为一队，百人组成一屯，战车五辆聚集在一起，十辆组成一群，多插旌旗，配备强弩，或者打击他们两侧，或者断绝他们前后，敌人的将领就可以被俘虏。这些就是骑兵作战十种取胜的战机。"

【原文】

太公曰："凡以骑陷敌，而不能破陈，敌人佯走，以车骑返击我后，此骑之败地也。追北逾险，长驱不止，敌人伏我两旁，又绝我后，此骑之围地也。往而无以返，入而无以出，是谓陷于天井，顿于地穴，此骑之死地也。所从入者隘，所从出者远，彼弱可以击我强，彼寡可以击我众，此骑之没地也。

【译文】

太公回答说："凡是用骑兵能攻击敌人，却不能攻破敌阵，敌人假装逃跑，用战车和骑兵回来攻击我军后方，这就是骑兵的败地。追击敌人，越过险阻，长驱深入而不停止，敌人埋伏在我左右两旁，又断绝了我的后路，这就是骑兵的围地；前进后没有办法退回，进入后无法出来，这叫做陷入天井，困于地穴之中，这就是骑兵的死地。前进的道路狭隘，退回的道路遥远，敌人兵力很弱却可打击我们强力的部队，人少却能打击我们人多的部队，这就是骑兵的没地。

【原文】

大涧深谷，翳藏林木，此骑之竭地。左右有水，前有大阜，后有高山，三军战于两水之间，敌居表里，此骑之艰地也。敌人绝我粮道，往而无以还，此骑之困地也。下沮泽①，进退渐洳，此骑之患地也。左有深沟，右有坑阜，高下如平地，进退诱敌，此骑之陷地也。此九者，骑之死地也。明将之所以远避，暗将之所陷败也。"

【译文】

大涧深谷，树木茂盛，这就是骑兵的竭地；左右两边有水，后面有高山，我军在两水之间作战，敌人在内外都有驻守，这就是骑兵的艰地。敌人断绝我的粮道，我军只能前进无法后退，这就是骑兵的困地。满地沼泽，进退困难，这就是骑兵的患地。左有深沟，高低不平，看似平地，进退都会诱使敌人袭击，这就是骑兵的陷地。这九种情况都是骑兵作战的死地，都是明智的将领所要竭力避开的地方，愚蠢的将帅之所以陷于失败的原因。"

【注释】

① 沮泽：水草丛生的沼泽地带。

【解读】

这一篇讲述的是三军中重要的一军——骑兵，姜太公说到了作为骑兵作战时会遇到的十种有利战机和九种非常不利的地形。

通过姜太公的说明，我们了解到，十种战机分别是"敌人始至，行陈未定，前后不属""敌人行陈不固，士卒不斗""敌人暮欲归舍，三军恐骇""敌人奔走，士卒散乱"这十种。在这种情况下，使用骑兵冲击就很容易取胜。

九种不利于骑兵作战的地形是：败地、围地、死地、没地、竭地、艰地、困地、患地、陷地。在这九种地形中，骑兵作战基本起不到作用。最后姜太公说明："此九者，骑之死地也。明将之所以远避，暗将之所以陷败也。"

157

战步

【原文】

　　太公曰："步兵与车、骑战者，必依丘陵，险阻，长兵强弩居前，短兵弱弩居后，更发更止，敌之车骑，虽众而至，坚阵疾战，材士强弩，以备我后。"

【译文】

　　太公答道："步兵与战车、骑兵作战，必须依靠丘陵、险阻的地形作战，把长兵器和强弩放置在前面，把短兵器和弱弩放置在后面，轮流战斗，轮流休息。敌人战车和骑兵，即使来的数量很多，我们也能坚守阵地，让有才能的士兵拿着强弩，为我军后方戒备。"

【原文】

　　太公曰："令我士卒为行马，木蒺藜①，置牛马队伍，为四武冲阵。望敌车骑将来，均置蒺藜，掘地匝后，广深五尺，名曰'命笼'。人操行马进步，阑车以为垒，推而前后，立而为屯②，材士强弩，备我左右，然后令我三军，皆疾战而不解。"

【译文】

　　太公回答说："命令我军士兵制作行马和木蒺藜，把牛马集中在一起，步兵组成四武冲阵。看见敌人战车骑兵即将到来，就洒下蒺藜，并挖掘地沟，宽度深度各五尺，叫做命笼。步兵带着行马前进，用车辆连接成壁垒，推着它前后移动，驻守下来时扎营结寨。让有才能的士兵拿着强弩戒备左右，然后号令我全军都要疾速作战不能懈怠。"

【注释】

① 蒺藜：旧时一种兵器。
② 屯：军屯，营寨。

【解读】

本篇中介绍的是三军中的最后一军：步兵。步兵可以说是作战中最常用的，因为步兵最为灵活，可以和战车、骑兵相搭配，声东击西、忽左忽右，在作战中很方便。

姜太公首先说明了，作为步兵作战，首先应该占据有利地形："必依丘陵险阻"。而关于步兵的武器方面，则要"长兵强弩居前，短兵弱弩居后"。

步兵说来战法简单，却因为限制不多而变化无穷，如果在战斗中能合理使用，就能达到以一敌百的效果。

159

下篇

三略

《三略》又名《黄石公三略》，为中国古代著名兵书。《三略》是我国第一部从策略上阐述用兵方法的兵书，集先秦军事思想之大成。全书分为上略、中略、下略。

卷一　上略

**【原文】**

　　夫主^①将之法，务揽英雄之心，赏禄有功，通志于众。故与众同好靡^②不成，与众同恶^③靡不顾。治国安家，得人也。亡国破家，失人也。含气之类咸^④愿得其志。

【译文】

　　统帅将领的办法，是务必要争取英雄的归心。把禄位赏赐给有功的人，使众人理解自己的志向。所以，与众人追求的目标相同，这个目标没有不实现的；与众人憎恨的敌人相同，这个敌人没有不灭亡的。国家得到治理家庭安定，是因为得到了人心；国家灭亡家庭破裂，是因为失去了人心。因为所有的人，都愿意实现自己的志向。

【原文】

　　《军谶》曰：柔能制刚，弱能制强。柔者德也，刚者贼也，弱者人之所助，强者怨之所攻。柔有所设，刚有所施，弱有所用，强有所加。兼此四者而制其宜。

《军谶》说：柔的能制服
刚的，弱的能制服强的。柔是
一种美德，刚是一种祸害。弱
小者容易得到人们的帮助，强
大者容易受到人们的怨恨和
攻击。有时候要用柔，有时候
要用刚，有时候要示弱，有时
候要用强。把这四者结合起
来，根据情况的变化运用得恰
到好处。

【原文】

端末未见，人莫能知。天
地神明，与物推移，变动无常。
因敌转化，不为事先，动而辄
随。故能图制无疆，扶成天威，
匡正八极，密定九夷。如此谋者，为帝王师。

【译文】

事物的本末没有显示出来之前，一般人是难以认识到的。
天地运行的微妙规律，可以通过万物的变化表现出来。敌我双
方的形势也是变化无常的，必须根据敌情的变化而制定不同的
方案。在形势没有发展成熟之前不要贸然行事，一旦时机成熟，
便应立即采取相应的对策。这样，就可以百战百胜，辅佐君王
取得天威、一统天下、安定四方了。这样策划的人，便可以做
帝王的老师了。

163

【原文】

故曰，莫不贪强，鲜能守微，若能守微，乃保其生。圣人存之，动应事机，舒之弥四海，卷之不盈怀，居之不以室宅，守之不以城郭，藏之胸臆，而敌国服。

【译文】

所以说，没有不贪强好胜的，却很少有人能掌握刚柔强弱这个幽深精微的道理。如果能掌握这个道理，也就可以保身了。圣人掌握了这个道理，他的行动总能抓住时机。这个幽深精微的道理，舒展开来足以遍布四海，收拢起来却捧不满一怀。无须用房屋去安置它，无须用城郭去保护它。只需要藏在心中，就可以使敌国屈服了。

【原文】

《军谶》曰：能柔能刚，其国弥光，能弱能强，其国弥彰。纯柔纯弱，其国必削⑤。纯刚纯强，其国必亡。

【译文】

《军谶》说："既能柔，又能刚，则国家就会光明；既能弱，又能强，则国势就会昌盛。单纯用柔用弱，则国力必然削弱；单纯用刚用强，则国家必然灭亡。"

【原文】

夫为国之道，恃贤与民。信贤如腹心，使民如四肢，则策无遗。所适如支体相随，骨节相救，天道自然，其巧无间。

【译文】

治理国家的原则，在于依赖贤士与民众。信任贤者如同自己的心腹，使用人民如用自己的手足，政令便不会有什么纰漏了。这样，行动起来便会像四肢与躯干一样协调，像各个关节一样互相照应，像天道运行一样顺乎自然，灵巧得没有一点间隙。

【原文】

夫用兵之要，在崇礼而重禄。礼崇则智士至，禄重则义士轻死。故禄贤不爱财，赏功不逾时，则下力并而敌国削。夫用人之道，尊以爵，赡以财，则士自来。接以礼，励以义，则士死之。

【译文】

用兵的要点，在于崇尚礼节，厚重俸禄。崇尚礼节，智谋之士便会前来投奔，厚重俸禄，忠义之士便会视死如归。所以，给予贤士俸禄时不应吝惜财物，奖赏有功之臣时不应拖延时日。那么下属们便会同仇敌忾而削弱敌国了。用人的原则，应是封爵来尊敬他，厚禄以赡养他，这样贤士就会自动来归了。以礼节来接待他，用大义来激励他，贤士便会以死相报了。

【原文】

夫将帅者，必与士卒同滋味而共安危，敌乃可加，故兵有全胜，敌有全囚。昔者良将之用兵，有馈箪醪者，使投诸河与士卒同流而饮。夫一箪之醪不能味一河之水，而三军之士思为致死者，以滋味之及己也。《军谶》曰：军井未达，将不言渴。军幕未办，将不言倦。军灶未炊，将不言饥。冬不服袭，夏不操扇，雨不张盖，是谓将礼。与之安，与之危，故其众可合而

不可离，可用而不可疲，以其恩素蓄，谋素和也。故曰，蓄恩
不倦，以一取万。

【译文】

　　身为将领，必须与士兵同甘苦，共死生，才能与敌作战。
如此我军才会大获全胜，敌人全军覆没。以往良将用兵，有人
送给他一坛美酒，他让人倒在河中，和士兵们同流而饮。一坛
酒不可能使一河之水都有酒味，而三军将士都想对他以死相报，
这是因为将帅与自己同甘共苦而心存感激啊。《军谶》说：军
井没有打好，将领不说口渴；帐篷没有搭好，将领不说劳累；
饭菜没有做好，将领不喊饥饿。冬日不自己穿皮衣，夏日不自
己用扇子，下雨不自己打雨伞，这就是所说的"将礼"。和士
兵们同甘苦，共患难，军队便会万众一心，不能分离，到处作
战，也不会觉得疲劳。这是因为将领平日里广播恩惠，所以军

队上下一心的缘故。所以说：不断地施恩惠于士兵，便可以赢得千万人的拥护。

【原文】

《军谶》曰：将之所以为威者，号令也。战之所以全胜者，军政也。士之所以轻战者，用命也。故将无还令，赏罚必信，如天如地，乃可御人。士卒用命，乃可越境。

【译文】

《军谶》说：将领的威严来自于号令，作战的胜利来自于军政，士兵的敢战源于听命。因此，将领要令出必行，赏罚必信，像天地那样不能更改，这样，将领才能驾驭士兵。士兵服从命令，才可以出境作战。

【原文】

夫统军持势者，将也。制胜破敌者，众也。故乱将不可使保军，乖众不可使伐人。攻城则不拔，图邑则不废，二者无功，则士力疲弊。士力疲弊，则将孤众悖，以守则不固，以战则奔北，是谓老兵。兵老则将威不行，将无威则士卒轻刑，士卒轻刑则军失伍，军失伍则士卒逃亡，士卒逃亡则敌乘利，敌乘利则军必丧。

【译文】

统帅军队、把握形势的是将领，夺取胜利、击破敌人的是士兵。所以，策略混乱的将领不能让他统帅三军，没有信用的士兵不能用以攻伐敌国。这样的军队，攻打城池难以获胜，图谋城镇难以占领，两件事都做不到，反而会使军力疲惫不堪。军力疲惫不堪，就会使将领更加孤立，士卒更加抗命。这样的军队，用来守卫那么阵地一定不稳固，用来作战那么士兵一定会逃跑。这就叫做老兵。老兵将领就没有威信。将领没有威信，士兵就不怕刑罚。士兵不怕刑罚，军队就必然混乱。军队混乱，士兵就必然逃亡。士兵逃亡，敌人就必然趁机进攻。敌人进攻，军队就必然大败。

【原文】

《军谶》曰：良将之统军也，恕己而治人。推惠施⑥恩，士力口新，战如风发，攻如河决。故其众可望而不可当，可下而不可胜。以身夫人，故其兵为天下雄。

【译文】

《军谶》说：良将统帅军队，以恕己的道理治理部下。广施恩惠，军队的战斗力就会日新月异，交战时就像狂风扫过一样。进攻时就像河水决堤一样。敌人只能眼睁睁地看着这样的军队攻上来却根本无力抵挡。敌人只能俯首向我投降却没有任何取胜的希望。将领能身先士卒，他的军队便能称霸天下了。

【原文】

《军谶》曰：军以赏为表，以罚为里。赏罚明，则将威行。官入得，则士卒服。所任贤，则敌国震。

【译文】

《军谶》说：治军应当以奖赏为表，以惩罚为里。赏罚分明，将领的威信才能树立起来。选官用人得当，士兵们才会心悦诚服。重用德才兼备的贤人，敌国就会感到震慑。

【原文】

《军谶》曰：贤者所适，其前无敌。故士可下而不可骄，将可乐而不可忧，谋可深而不可疑。士骄则下不顺，将忧则内外不相信，谋疑则敌国奋。以此攻伐，则致乱。夫将者，国之命也。将能制胜，则国家安定。

【译文】

《军谶》说：贤人所归附的国家，一定会所向无敌。所以，对待贤人要谦恭不能傲慢，对待将领要让他开心而不能让他烦恼，对于谋略要深思熟虑而不能犹豫不决。对待贤人傲慢，下属就不会顺从。使将领有烦恼，君王与将领之间便不会互相信任。谋略犹豫敌国就会趁机奋发。这样去打仗，必然招致祸乱。将领是掌握着国家命运。将领能率军战胜敌人，国家才会安定。

【原文】

《军谶》曰：将能清，能静，能平，能整，能受谏，能听讼，能纳人，能采言，能知国俗，能图山川，能表险难，能制军权。故曰，仁贤之智，圣明之虑，负薪之言，廊庙之语，兴衰之事，将所宜闻。

【译文】

《军谶》上说：将帅应能清廉，能沉静，能公平，能严肃，能接受劝谏，能明断是非，能接纳人才，能采纳众议，能知晓各国风俗，能掌握住军权。所以说，仁人志士的睿智，君王的思考烦恼，人民的抱怨议论，官员的意见，天下兴衰的大事，都是将领所应当了解的。

【注释】

①主：掌管。
②靡：无，没有。
③恶：厌恶，憎恨。
④咸：全，都。
⑤削：削减，削弱。
⑥施：设置。

【解读】

《三略》作为古代兵书之一，叙述了很多用兵的道理。

在《三略》的这一上略中，主要讲述的是设置礼赏，辨识奸雄的方法和原则，同时为众人揭示了成败之理。

上略第一小节就提到了"主将之法"，也就是统帅将领的方法。将领对于带兵作战是有着重要的作用的，可以说，一个

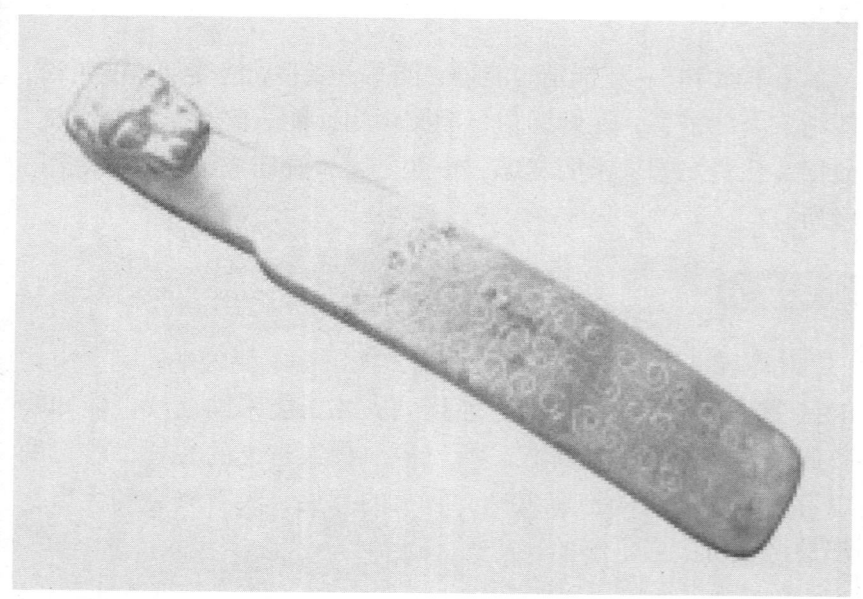

170

好的将领带兵出征，能达到所向披靡、无人能挡的程度。因为好的将领不仅对如何用兵深有见地，而且经验丰富，对兵家之事习以为常，遇到变故不会有大的情绪起伏，从而能更顺利地带兵作战。更重要的是，好的将领懂得如何安抚军心。将领固然重要，军队里的士兵也重要，打仗都是靠他们。所以将领要使士兵们心悦诚服，心甘情愿地为将领出征，这就是一种本事了。好的将领和有勇无谋的将领的最大区别就在于此。拥有了好的将领，就相当于已经把想要攻打的城池握在手中，只要君王愿意，随时可以收复。所以君王们都希望拥有好的将领。

如此，主将之法的重要可见一斑，也就顺理成章放在了开篇。

上略中还讲述了其他治理国家的问题，大多为将领的问题。可见将领对于一个国家的重要性。

171

【谈古论今】

以柔克刚

在《三略》的上略中，第二小节就提到了以柔克刚的问题。以柔克刚是计谋，更是本事。能以柔软的事物克制住刚硬的事物，非使用巧劲不能达成。以柔克刚的思想暗合道家主张的学说。道家的思想崇尚自然，主张清静无为，反对斗争。而以柔克刚是用柔去化解刚，暗喻刚硬的东西并不一定就要以刚硬的东西来瓦解，和道家思想有共通之处。

三国时期著名军事思想家诸葛亮曾经提出过以柔克刚的问题。在《三国》的"蜀"卷中，《将苑》记载了诸葛亮的一句话："善将者，其刚不可折，其柔不可卷，故以弱制强，以柔制刚。"诸葛亮也认为，善于用兵的人是很难打败的，所以不能硬碰硬，而须以柔克刚。在《三国演义》中，诸葛亮本人就上演了一出"以

柔克刚"的好戏。他以两千五百士兵吓退了司马懿的十五万大军，用的是一出"空城计"。试想，如果诸葛亮硬碰硬，任他怎么有智慧，这两千五百人也难以战胜十五万精兵。正是他以"空城"这个"柔"化解了司马懿十五万精兵的"刚"。可见以柔克刚的功效非比寻常。

172

卷二 中略

【原文】

《军势》曰：出军行师，将在自专，进退内御，则功难成。

【译文】

《军势》上说：出兵作战，重在将领有独立的指挥权。军队的进退如果都要受到君王的控制，是很难打胜仗的。

【原文】

《军势》曰：使智、使勇、使贪、使愚。智者乐立其功，勇者好行其志，贪者邀①趋其利，愚者不顾其死。因其至情而用之。此军之微权②也。

【译文】

《军势》上说：对智者、勇者、贪者、愚者的使用方法不尽相同。有智谋的人喜欢建功立业，勇敢的人喜欢实现自己的志向，贪财的人追求利益，愚蠢的人不在意生死。根据他们各自的特点来使用他们，这就是用人的微妙权术。

【原文】

《军势》曰：无使辨士谈说敌美，为其惑众。无尼仁者主财，为其多施而附于下。

【译文】

《军势》上说：不要让能说会道的人谈论敌人的好处，因为这样会迷惑人民。不要用仁厚的人管理财务，因为他会顺从下属的要求而多多散布钱财。

【原文】

《军势》曰：禁巫祝，不得为吏士卜问军之吉凶。

【译文】

《军势》上说：军中要禁止巫祝，不准他们为将士们预测吉凶。

【原文】

《军势》曰：使义士不以财。故义者不为不仁者死；智者不为暗主谋。

【译文】

《军势》上说：想使唤侠义之士不能靠钱财。所以，义士是不会替不仁不义的人去卖命的，明智的人是不会替昏庸的君王出谋划策的。

【原文】

主不可以无德，无德则臣叛，不可以无威，无威则失权。

臣不可以无德，无德则无以事君，不可以无威，无威则国弱，威多则身蹶。

【译文】

君王不能没有道德，没有道德大臣就会背叛；君王不能没有威信，没有威信就会丧失权力。大臣不能没有道德，没有道德就不能辅佐君王；大臣也不能没有威信，没有威信国家就会衰弱。但是大臣威信过多就会反而害了自己。

【原文】

故圣王御世，观盛衰，度得失，而为之制。故诸侯二师，方伯三师，天子六师。世乱则叛逆生，王泽竭，则盟誓相诛伐。德同势敌，无以相倾，乃揽英雄之心，与众同好恶，然后加之以权变。故非计策无以决嫌定疑，非谲奇无以破奸息寇，非阴谋无以成功。

175

【译文】

所以圣明的君王治理天下，观察世道的盛衰，衡量事物的得失，然后制定各种制度。所以诸侯官管理二军，方伯管理三军，天子管理六军。世道乱了，就会有叛逆产生。君王的恩泽枯竭了，互相盟誓效忠的臣子之间也会开始互相攻伐。诸侯之间势均力敌，谁也没有办法战胜对手，于是便争揽英雄之心，与他们同好同恶，然后再运用权术。所以，不运筹谋划，是没有办法决嫌定疑的；不诡诈出奇，是没有办法破奸平寇的；不秘密谋划，是没有办法取得成功的。

【原文】

圣人体天，贤者法地，智者师古。是故《三略》为衰世作。

   六韬三略

176

"上略"设礼赏，别奸雄，著成败。"中略"差德行，审权变。"下略"陈道德，察安危，明贼贤之咎。故人主深晓"上略"，则能任贤擒敌。深晓"中略"，则能御将统众。深晓"下略"，则能明盛衰之源，审治国之纪。人臣深晓"中略"，则能全功保身。

【译文】

圣人能够体察上天的情况，贤人能够效法地势，智者能够以古人为师。所以，《三略》一书，是为衰微的时代而作的。《上略》设置礼赏，辨识奸雄，揭示成败之理。《中略》区分德行，审视权变。《下略》陈述道德，考察安危，说明残害贤人的罪过。所以，为人君主通晓《上略》，就能任用贤士、制服敌人了。君主通晓《中略》，便可以驾御将领，统领群众了。君主深通《下

精读版·家庭书架

略》，就可以明辨盛衰的根源，熟知治国的纲纪了。为人臣子通晓《中略》，就可以成就功业，保全自己。

【注释】

① 邀：求取，希望得到。
② 微权：微妙的权术。

【解读】

《三略》中的中略，主要讲述的是各种德行的区分方法，以及权变的征兆。在中略的最后一个小节中，大致讲述了《三略》一书的排列以及目的。书中说，《三略》一书，是为衰微的时代而作的。究其原因，也颇有几分道理。最为贤明的君王，如果能够洞察一切事实，懂得体恤民情，对待忠臣谦卑有礼，对待佞臣不留情面，那么想必世道会昌盛非常，人民安居乐业，夜不闭户路不拾遗，生活十分美满。如果仅靠君王自己的治理就能做到这些，那么就不需要仁人志士的出现了，也就更不需要《三略》这部兵书的出现，光靠君王就足够了。但正因为君王做不到这一地步，才需要贤人的辅佐。如果通过贤人的辅佐，君王就能做到，那么也不需要兵书，国家也能昌盛。但是如果君王昏庸无道，宠幸佞臣菲薄忠臣，那么世道必定会混乱，贤人不会为这样的君王筹谋划策。这时，为了拯救低落的世道，就需要有人指导君王，也就有了《三略》的出现。

【谈古论今】

出军行师，将在自专。进退内御，则功难成。

带兵出征，对于将领来说最重要的就是拥有独立的指挥权，如果不管做什么君王都要横加阻扰，或者说每个决定都要君王同意过后才能施行尤其是当带兵在外，如果下达的命令还要经

177

过远在京城的君王同意才能执行，那么作战进度就会无止境地拖后了。所以对于将领来说，有独立的权力，被赋予完全的指挥权是非常的重要的。如果不能自己决定军队动作，那么带兵就没有意义了。也就无法真正获得成功。

我们可以想一下，将领带兵作战，对于战场形势是最了解的，远在京城的君王怎么会更了解呢？所以将领的决定一定会比君王的更加适应形势。我国著名爱国英雄岳飞，就是在作战时被皇上听从佞臣的话而下的十二道金牌招回京城，从而使军队面临的大好形势土崩瓦解。宋朝最后也没能挽回形势。

所以君王要想让将领获得成功，就要把独立的指挥权赋予将领，即使对将领的命令有异议，也暂且不要提出来。这样才能让将领专心带兵，努力打个胜仗。

178

卷三 下略

【原文】

夫能扶天下之危者，则据天下之安。能除天下之忧者，则享天下之乐。能救天下之祸者，则获天下之福。故泽及于民，则贤人归之；泽及昆虫。则圣人归之。贤人归，则其国强。圣人所归，则六合同。求贤以德，致以道。贤去，则国微。圣去，则国乖。微者危之阶，乖者亡之微。

179

【译文】

能够拯救天下于危难的，就能得到天下的安宁；能够解除天下的忧患的，就能够享受天下的快乐；能够解救国家灾祸的，就能够获得天下的幸福。所以，恩泽施于百姓，贤人就会归附他；恩泽惠及万物，圣人就会归附他。贤人归附了，国家就能强盛；圣人归附了，天下就能统一。想要贤人归附要用"德"，想要圣人归附要用"道"。贤人离去，国家形势就低微了；圣人离去，国家就要混乱了。低微是通向危险的阶梯，混乱是国家灭亡的征兆。

【原文】

贤人之政，降人以体，圣人之政，降人以心。体降可以图始，心降可以保终。降体以礼，降心以乐。所谓乐者，非金石丝竹也，谓人乐其家，谓人乐其族，谓人乐其业，谓人乐其都邑，谓人乐其政令，谓人乐其道德，如此君人者，乃作乐以节之，使不失其和。故有德之君，以乐乐人。无德之君，以乐乐身。乐人者，久而长，乐身者，不久而亡。

【译文】

贤人执政，能使人从行动上服从；圣人执政，能使人从内心里服从。从行动上服从，便可以开始图谋大事了；从内心里顺从，就可以保证善始善终。使人从行动上服从靠的是礼教，使人从内心里顺从靠的是乐教。所谓的乐教，并非指金、石、丝、竹，而是使人们喜爱自己的家庭，喜爱自己的宗族，喜爱自己的事业，喜爱自己的都邑，喜爱国家的政令，喜爱道德。这样治理人民，然后再制作音乐来陶冶人们的情操，让他不失和谐。所以有道德的君主，是用音乐来使人快乐；没有道德的君主，是用音乐来使自己快乐。使天下快乐的，国家便会长治久安；使自己快乐的，国家不久就会灭亡。

【原文】

释近谋远者，劳而无功。释远谋近者，佚而有终。佚政多忠臣，劳政多怨民。故曰，务广地者荒，务广德者强。能有其有者安，贪人之有者残。残灭之政，累世受患。造作过制，虽成必败。

【译文】

不从事内政而向外扩张的，劳而无功；不从事扩张而管理内政的，佚而有终。实行佚政，国家就会出现许多忠臣；实行

180

劳民伤财的政策，国家就会出现许多怨民。所以说，热衷于扩张领土的，内政必然荒废；尽力于扩充德行的，国家就会强盛。能保全自己本来所有的，国家就会平安，贪心于别人所有的，国家就会残破。残破不堪的国家，世世代代都要受害。事情超过了限度，即使一时成功，最终也会失败。

【原文】

舍己而教人者逆，正己而教人者顺。逆者乱之招，顺者治之要。

【译文】

不管自己却去教导别人的人是反了，先管好自己才去教导别人才合乎常理。做事反乱就会招致祸患，合乎常理才能治理好国家。

【原文】

道、德、仁、义、礼，五者一体也。道者人之所蹈，德者人之所得，仁者人之所亲，义者人之所宜，礼者人之所体，不可无一焉。故夙兴夜寐，礼之制也。讨贼报仇，义之决①也。恻隐之心，仁之发也。得己得人，德之路也。使人均平，不失②其所，道之化也。

【译文】

道、德、仁、义、礼，五者是一个整体。道是人们所应遵循的，德是人们应该得到的，仁是人们所亲近的，义是人们所应做的，礼是人们的行为规范。这五者缺一不可。所以，夙兴夜寐，是礼的约束；讨贼报仇，是义的决断；恻隐之心，是仁的发生；德己德人，是德的道路；使人全都具有这五种美德，不失其所，

181

是道的教化。

||【原文】||

出君下臣名曰命，施于竹帛名曰令，奉而行之名曰政。夫命失，则令不行。令不行，则政不正。政不正，则道不通。道不通，则邪臣胜。邪臣胜，则主威伤。

||【译文】||

君王下达给臣子的指示叫"命"，书写在竹帛上的叫"令"，尊奉并执行叫"政"。"命"有失误，"令"就无法推行，那么"政"就不会正常。"政"变得不正常，道路就不能通畅。道路不通畅，邪佞之臣就会处于上风。邪佞之臣处于上风，君王的威信就要受到伤害。

||【注释】||

① 决：决定。
② 失：过错，过失。

||【解读】||

《三略》中的下略。主要讲述的是各种道德的标准，并说明了如果残害贤明之人会有什么后果。

贤人对于一个国家的作用是非比寻常的。因为贤人具有一些普通人所没有的素质和特性。贤人普遍具有一个特征，就是不愿抛头露面。所谓"小隐隐于野，大隐隐于市"。但就在这种"隐"中，贤人们却能看清世道的变化，以及治理天下的最佳方法。所以贤人总是能很好地辅佐君王治理国家，改善国家

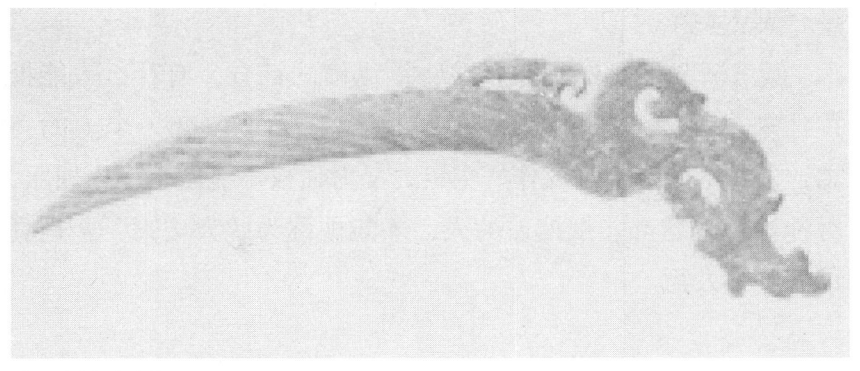

人民的生活。

　　所以说，一个君王如果能找到一个贤人，那就是上天赐给他的莫大恩惠，君王应该珍惜这种际遇，重用贤人。如果不加以重用，那么治理国家可能就会比较费劲。即使不加以重用也没关系，但是绝对不能残害贤人，因为这就是毁灭上天的恩赐了。

183

【谈古论今】

贫贱不能移，富贵不能淫，威武不能屈

　　为人处世，要怎么样才能算作真正的英雄，这是一个各人看法都不尽相同的问题。但是，如果具有了"贫贱不能移，富贵不能淫，威武不能屈"的气质，那么此人应该可以算得上一位英雄。

　　"贫贱不能移，富贵不能淫，威武不能屈"语出《孟子·滕文公下》。这句话主要是来形容人有气节，意志坚定且不畏强暴。原文是这样描写的："居天下之广居，立天下之正位，行天下之大道。得志，与民由之，不得志，独行其道。富贵不能淫，贫贱不能移，威武不能屈，此之谓大丈夫。"孟子已经对这种品质下了结论，他认为如果具有这种品质，就是能够被称得上是"大丈夫"的。

　　诚然。我们可以想想，在物欲纵横的社会，有什么人能抵抗住来自四面八方的诱惑呢？如果贫穷不能改变一个人的意志，金钱不能使一个人作奸犯科，暴力强权不能使一个人屈服，对种种的诱惑都能抵挡住的人，才能被称为"大丈夫"，是真正的英雄人物。